浙江社区社会工作

案例选

2012~2013

ZHEJIANG SHEQU
SHEHUI GONGZUO
ANLIXUAN

中国社会出版社
国家一级出版社 全国百佳图书出版单位

图书在版编目（CIP）数据

浙江社区社会工作案例选．2012～2013／梁星心主编．—北京：中国社会出版社，2014.9
ISBN 978－7－5087－4847－4

Ⅰ．①浙…　Ⅱ．①梁…　Ⅲ．①社区—社会工作—案例—浙江省—2012～2013　Ⅳ．①D669.3

中国版本图书馆 CIP 数据核字（2014）第 201467 号

书　　名：浙江社区社会工作案例选 2012～2013
主　　编：梁星心

出 版 人：浦善新
终 审 人：张铁纲
责任编辑：郑双梅
策划编辑：刘孝畅
责任校对：张爱华　欧阳平

出版发行：中国社会出版社　　　　邮政编码：100032
通联方法：北京市西城区二龙路甲 33 号
电　　话：编辑部：（010）58124834
　　　　　邮购部：（010）58124845
　　　　　销售部：（010）58124848
　　　　　传　真：（010）58124856
网　　址：www.shcbs.com.cn

经　　销：全国各地新华书店

印　　刷：中国电影出版社印刷厂
开　　本：160mm×230mm　1/16
印　　张：11.25
字　　数：150 千字
版　　次：2014 年 10 月第 1 版
印　　次：2014 年 10 月第 1 次印刷
定　　价：33.00 元

目　录

青春期撞上更年期

嘉兴市阳光家庭社工事务所　徐雪美（社会工作师）　董金娣

本案例发生在嘉兴市某社区的一个单亲家庭中，案主 A 女士作为一名单亲妈妈独自抚养着两个孩子，经济和生活上的压力已经让她力不从心，加上青春期儿子的叛逆使 A 女士在情绪上产生焦虑，一度使这个单亲家庭陷入危机。

社会工作者在个案介入后，充分收集了 A 女士及其家庭成员的信息，通过家庭结构图的形式对存在的问题和发生问题的原因进行了分析探究，在尊重案主自决的前提下制订了服务计划、开展服务工作。

一、个案背景

A 女士现年 47 岁，3 年前因与丈夫感情不和而离婚，当时 18 岁的女儿归 A 女士，14 岁的儿子小杰（化名）归前夫，但是前夫没有履行抚养义务，而是将小杰放在 A 女士那里，一直由 A 女士抚养，3 年来没有支付任何抚养费。A 女士一个人带着两个孩子，努力工作供他们上学，但小杰近来常常夜不归宿，而且打扮也有些出格，耳朵上还打了好几个耳洞，A 女士劝说、责骂都没能奏效。A 女士告诉社会工作者，为了改变儿子的行为，她时常跟他讲道理，希望他可以理解母亲的良苦用心，但是儿子始终无动于衷。A 女士一气之下就会骂他，但却起到了负面的影响，现在儿子已经不去上学也不跟她说话了。“我现在烦得睡不着觉，也没心思工作了，这是不是更年期的症状？”万分焦虑的 A 女士只好找到社区，社区工作人员了解情况后将其转介到了我们机构。

二、问题及需求分析

A 女士认为儿子当时是判给前夫的，自己没有抚养的义务，何况前夫没有支付抚养费，这种情况下，儿子凡事应该规规矩矩听从她的安排，但是处于青春期的孩子容易叛逆、反抗，独立意识强。一旦儿子的行为不符合 A 女士的想法时，她就会觉得自己没有得到儿子的认可和感恩，以致出现情绪不稳定、易激动、易焦虑，甚至朝儿子大发脾气。久而久之，母子之间的关系闹得越来越僵，自从儿子开始沉迷网络经常很晚回家或者是整夜不回家后，A 女士就很担心，自己也睡不着觉，母子沟通上也出现了障碍。

通过初次会谈，社会工作者认为案主目前面临的主要困境如下。

情绪问题：A 女士存在非理性情绪。

亲子关系问题：母子之间的沟通不顺畅。

儿子沉迷网络问题：小杰逃学甚至夜不归宿。

三、理论支撑

联合家庭治疗模式又称萨提亚模式，由美国著名心理治疗师萨提亚女士创立，此模式是建立在系统理论之上的。她认为：个人本身是一个系统，家庭是另一个系统，个人和家庭所处的环境又是一个系统。个人系统的形成受家庭系统的影响很大，同时家庭系统的形成也是家庭中个人系统互动的结果。个人系统与家庭系统呈现出复杂的彼此影响、彼此决定的关系，它们互相塑造，形成了特定的家庭氛围与情境。本案中，A 女士自身是一个系统，儿子小杰是一个系统，整个家庭又是一个系统，两个个人系统之间出现了矛盾，相互影响、相互作用，导致整个家庭系统的不平衡。另外，夫妻离异使家庭系统遭受破坏，从而导致了 A 女士个人系统的不平衡。因为离异已经无法改变，要想摆脱目前的困境，必须使 A 女士自身的系统以及小杰的个人系统相平衡，进而恢复整个家庭系统的平衡。

理性情绪治疗模式创始人艾利斯认为，人既有优点也有缺点，人的价值不是绝对的，只能在某种程度上进行自由选择，改变生活，使自己的生活变得更好，但同时每个人的生活又要受到他人和环境的影响，无法完全随自己的意志而定。艾利斯还认为，人的情绪和行为障碍不是由于某一激发事件 A 所直接引起，而是由于经受这一事件的个体对它不正确的认知 B 所引起的，最后导致在特定情景下的情绪和行为后果 C，通常会认为 A 引起 C，而 ABC 理论则认为 A 只是 C 的间接原因，B 即个体对 A 的认知和评价而产生的信念才是直接的原因。本案中儿子夜不归宿且不愿意与母亲交流（A），但是 A 女士认为儿子应该听从家长的教诲（B），事与愿违从而导致 A 女士情绪烦躁，夜不能寐（C）。

四、个案目标及服务计划

（一）工作总体目标

增强案主自我调节情绪的能力，改善家庭成员之间的互动模式，形成良好的亲子关系及和谐的家庭氛围。

（二）具体目标

1. 通过心理辅导、情绪疏导，使案主学会理性管理自己的情绪，自信健康地生活。

2. 通过提供一些亲子教育的方法，改变案主与儿子的沟通模式，形成良好的亲子关系。

3. 通过与小杰沟通，提高其自信心和学习的兴趣，逐渐摆脱网瘾、回归学校，使其生活正常化。

五、服务计划及介入方法和策略

第一阶段：通过两次访谈社会工作者发现案主存在某些非理性信念，比如儿子一定或应该听她的话，否则就会烦躁。社会工作者一方面，通过支持性技巧引导案主宣泄不良的情绪，运用同感、鼓励支持等专业技巧让案主感受到被理解、被接纳；另一方面，社会工作者充分调动身边的资源，安排心理咨询专家为案主进行了两次一对一的心理辅导和调适，协助案主一起分析问题，找出不良情绪产生的原因，引导案主分析不良情绪产生的后果，帮助案主了解和掌握处理情绪的方法，增强自我调节的功能。

第二阶段：社会工作者采用引领性技巧，引导案主具体、深入地探索自己的经验、处境、问题、观念，协助案主自我探索和自我觉知，认识到非理性情绪产生的根源。服务过程中发现前夫不负责的行为对A女士造成的伤害非常大，儿子的叛逆也让她伤透了心。社会工作者对A女士进行鼓励和引导，挖掘其自身优势和潜能，同时引领A女士如何学会调节自己的情绪。

第三阶段：运用影响性技巧使案主从自身角度进行改变，寻找解决途径和方法。社会工作者向其介绍青少年阶段的特征，也为A女士提供一些解压的方法、如何与儿子沟通的技巧以及成功的案例，帮助A女士提高信心，从而改变亲子沟通模式，改善亲子关系。

第四阶段：社会工作者通过个案访视与小杰进行面谈，运用同感、真诚，在理解关怀的前提下协助小杰了解母亲的困难，鼓励小杰改变目前的生活状态，从减少上网时间开始，逐步从网瘾中走出来，重新回到学校，同时增加与母亲的沟通，改善母子关系。

六、服务记录

第一次服务：了解案主的基本情况，初步将案主的问题分为两大类。一是情绪问题：A女士情绪不稳定，容易焦躁不安、敏感，特别是在与小杰的沟通时表现特别明显。二是亲子关系问题：亲子关系比较紧张，小杰不愿意与母亲交流。社会工作者认为首先应该着手于案主的情绪问题。其次再处理亲子教育问题，这是一个过程，更多地需要A女士自身的努力，通过个人系统的转变来促进家庭系统的完善。

第二次服务：引导案主进行情绪宣泄。从过往经历中发现前夫对A女士的伤害非常大，至今不能释怀，并将一部分情绪转嫁到了儿子身上。A女士也认为自己的行为不够理性，但是自我无法控制，她自己的解释是："可能是我的更年期到了吧。"社会工作者按照目前的情况，给予A女士一些控制情绪的建议和方法，尝试从自身的转变来影响小杰。

第三次服务：社会工作者作为资源联系人的角色为案主安排心理咨询师，进一步为其提供专业的心理辅导。结合社会工作者给出的建议，A女士决定回家尝试，力求能通过自己的改变来促进母子关系的和谐。

第四次服务：之前的服务从A女士的反馈来看效果还是挺明显的，社会工作者再次安排心理咨询师，针对如何了解儿子，如何实现有效的沟通进行辅导。社会工作者认为志愿者的力量也不容小觑，发挥他们所长不仅能帮助到A女士，还能提高社会工作者整合、利用资源的能力，提升机构的服务质量。最后社会工作者征求A女士的意见，下次尽可能带儿子一起来。

第五次服务：小杰在A女士的带领下来到机构，但是无论母亲怎么劝说都不肯进门。于是社会工作者将其带到户外一处比较安静的地方，开始小杰沉默不语，对于社会工作者的询问没有反应，于是社会工作者改变方法，从小杰感兴趣的游戏聊起，运用自我披露的方法告诉小杰自己也喜欢玩网络游戏，而且已经玩了好几年，小杰的话匣子终于被打开了。此次服务社会工作者从头到尾没有说任何让小杰回去上学的话，目的在于不给小杰造成心理压力，从而避免他对社会工作者的服务产生反感。谈话结束时小杰对社会工作者的下次见面邀请表示接受。

第六次服务：在母亲的陪同下小杰再次来到机构。社会工作者还是从小杰感兴趣的游戏聊起，小杰这次主动讲了自己玩游戏时的一些让他觉得开心的事情。这次社会工作者采用了递进的方式，通过引导的技巧让小杰认识到他现在应该做的是回学校去上课。

第七次服务：这次社会工作者与A女士见面，感觉到她心情开朗了许多，一开始就主动和我们聊起了她儿子的事情，说她儿子好像有点改变了，社会工作者在肯定她和她儿子有所改变的同时，将与小杰的交流情况告知A女士，并转诉了小杰的担忧，一起分析小杰的想法。社会工作者建议A女士改变原来的说教方式，从生活上去关心他，比如烧些好吃的菜、买点他爱吃的水果，让他慢慢感受到你对他的爱。完全摆脱网络游戏不是短时间能成功的，需要循序渐进。这次服务中，社会工作者充当了辅导者的角色，给案主传授了一些亲子教育方面的技巧和方法。

第八次服务：社会工作者电话联系 A 女士了解近况，A 女士一接起电话就有些激动，开口就告诉社会工作者："我们和好了，我要谢谢你们。"原来母子关系已经缓和了不少，小杰也愿意和妈妈说话了。社会工作者对已经取得的成绩表示肯定，并鼓励 A 女士继续保持。

第九次服务：这次见到 A 女士和小杰，A 女士心情有了明显的转变，脸上有了笑容，性格也比以前开朗了。她说："听了你们和老师的分析，我现在尽量好好跟儿子说话，我脾气好了他对我的态度也好了。这几天他也愿意听我说话了。"社会工作者与小杰再次面谈，沟通后双方达成一致协议，在不影响正常学习和作息的情况下可以适当上会儿网，小杰表示想学计算机专业。谈话中发现小杰其实是一个比较容易沟通的孩子，也很体谅母亲，只是不当的交流方式使彼此的爱不能正确传递给对方，结果适得其反。小杰愿意尝试改变。社会工作者认为小杰内心很在乎和关心母亲，只是双方没有选择合适的沟通方式。

第十次服务：A 女士主动打来电话，欣喜地告诉社会工作者小杰已经上学去了，并且两人的关系也有了很大的改善。"我知道他的改变跟你们的开导有很大的关系。"小杰回归学校，不仅有社会工作者的功劳，更多的是 A 女士自身的转变，让儿子看到了母亲温柔的一面，燃起了重新沟通的信心。个案的既定目标基本达成。社会工作者建议 A 女士在儿子上网问题上还要进行耐心引导，不能操之过急，毕竟摆脱网瘾并非易事。

第十一次服务：A 女士一边讲述"儿子真是 180 度大转变呀"；一边脸上不禁洋溢着笑容。儿子不仅去上学了，周末回来还能主动帮她照顾店里的生意，偶尔还会打打游戏，但游戏已经不是他生活的中心了。结案时案主对社会工作者的服务非常满意。A 女士不仅改变了儿子，更改变了自己。

七、服务成效及过程评估

（一）服务成效

通过社会工作者提供的 11 次服务，目标基本达成。一是案主的情绪有了转变，不再易躁易怒，同时也学会了一些控制情绪的方法；二是母子间的沟通障碍已经消除，母子关系重新变得融洽；三是小杰重新回到学校，角色再次回归。

（二）过程评估

第一阶段（接案阶段）：建立专业关系。此案是案主主动求助社区，又由社区转介到本机构的，相对来说专业关系建立没有遇到太大的阻力。A 女士告诉社会工作者自己承受不了情绪焦躁、亲子关系糟糕的困境，生活一团糟。社会工作者运用同理、鼓励支持等技巧与案主拉近距离，鼓励案主改变不良境况，专业关系初步建立并趋于稳定。

第二阶段（介入阶段）：运用专业方法协助案主自我管理，增强自我调节的能力。社会工作者运用理性情绪治疗模式和联合家庭治疗模式等理念帮助案主表达和宣泄内心积压的情绪，鼓励案主学会自我管理、挖掘自身潜能、增强自我调节的功能；鼓励小杰重回学校，减少上网时长；社会工作者还安排心理老师为案主进行心理辅导，追溯过往，找到案主情绪焦躁、敏感的深层次原因，提供改善的建议。

第三阶段（结案阶段）：案主获得成长，服务目标实现。社会工作者与案主一起回顾整个个案服务过程，对比案主初次面谈与此次见面，心态和情绪方面有了明显的转变。社会工作者还鼓励案主进行自我表达，分享自我改变，尤其是整个服务过程中与儿子关系的转变，巩固和反思已经取得的成效。

八、社会工作者反思

社会工作者认为现有的服务取得了阶段性的成功，个案目标已经达成。尽管小杰的恢复需要一段时间，但是 A 女士的功能已经恢复，完全有能力去协调、监督。社会工作者还建议 A 女士参加事务所的俱乐部活动，通过认识其他的单亲妈妈，一方面可以与她们一起交流关于子女教育等方面的经验；另一方面可以扩大交往圈，增强案主的社会支持网络。

单亲家庭及子女生活状况是当前社会关注的热点，这一案例又比较有代表性，此案的成功结案对之后的个案服务有一定的借鉴意义。个人问题的解决离不开家庭环境因素，社会工作者运用助人自助理念协助案主适应环境或改变环境，解决案主个人问题的同时也缓解家庭矛盾，恢复家庭功能，提升家庭生活品质，以家庭和谐促进整个社会的和谐。

专家点评：杨艳东（浙江工业大学教授）

本案例所描述的是典型的单亲家庭子女教育和亲子关系问题。案例的成功之处在于，社会工作者能够全面地把握案例的背景信息，对案主的需求作出明确的诊断，在适用的理论指导下，运用专业的工作方法按既定目标实施服务计划，帮助案主解决了实际问题。本案例所取得的满意成效能够为同类案例的援助提供有益启示。

从社区社会工作的角度评价，本案例在理论工具的选择方面存在过于单一的局限性。社会工作者所选用的萨提亚模式和理性情绪治疗模式均为心理治疗理论，而针对案主的实际服务过程中还运用到了社会工作的具体方法，文中未能提及相关社会工作理论，也未能对所用社会工作方法的有效性进行评估，使本文的社会工作专业性稍显不足，是一个缺憾。

“野百合”也有春天

杭州市上城区清波街道清波门社区　何雪婷（社会工作师）

一、案例背景

小龙（化名），男，9 岁（小学二年级）

小莹（化名），女，12 岁（小学五年级）

小莹和小龙是姐弟俩，父母从山东老家到杭州市上城区某菜场从事蔬菜批发零售。小龙是家中唯一的男孩，尽管家中条件并不优越，但他很受家人宠爱，逐渐形成唯我独尊的想法。小莹是家中第二个女孩（在山东老家还有一个读高中的女儿），她在山东出生，跟随父母来到杭州。因为缺少快乐的童年生活，使她性格内向，存在自卑心理。此外，她要照顾弟弟小龙，还需要帮父母照料摊位生意。

由于成长环境不同，他们与都市社会融合过程中存在一定难度，这使他们父母非常担心，因此向社会工作者寻求帮助。

二、案例分析

一是夫妻关系失和，影响孩子心理健康发展。父母常在孩子面前吵架或打架。这些会直接影响对孩子的教育和评价方式，使他们误以为冷战、吵架、谩骂乃至打架都是解决冲突的办法。导致其缺乏安全感、归属感，容易产生心理失衡。

二是家庭教育意识淡薄，亲子关系疏远。父母的教育观念陈旧，往往把孩子的教育问题全权委托给学校和老师。他们不愿承担对子女的教育责任，遇到孩子做错事，通常采用打骂等简单粗暴的方式。因此亲子关系疏远，缺少真诚沟通，最终形成失落自卑、抑郁暴躁等弱势心理。

三是生活环境恶劣，容易形成自卑。12 平方米的出租房（平房）是一家四口的生活居所。房内没有单独的厨房和厕所，孩子们也没有自己独立的房间。家中只有一些被淘汰的旧家具，家里杂乱不堪。生活在这种环境中，孩子们的心理是会自卑的。

四是学校关心不够，受到同学排挤。由于小龙和小莹是外来务工人员的子女，加之小龙在课堂上不听讲、爱做小动作、爱打架，老师和同学都很排挤他。小莹受到弟弟的负面影响，性格内向、沉默寡言、不愿与同学在一起玩，怕被同学看不起。

三、个案所运用的理论

本案运用的理论是人与环境模式。该模式注重个人与其生活环境之间的相互适应、和谐与均衡，认为案主存在问题的原因往往是个人与环境之间的适应不良。这一模式特别注重挖掘和利用服务对象及其环境拥有的正向资源，来推动个人与环境的共同改变。在本案中，该过程包括以下的三个阶段：一是对话阶段。通过对话与交流，了解服务对象所面临的挑战及其他相关信息，建立相互信任、相互合作的伙伴式工作关系，并且确定工作目标。二是发现阶段。与服务对象一起共同探索、发现、分析和评估服务对象系统内外存在的所有资源，并在此基础上建立具体的工作计划。三是发展阶段。利用上述资源，实施行动计划，并在此基础上创造和扩展新的机会与选择。

四、服务实施过程

（一）对话阶段

第一次会谈与评估：地点设在父母工作的菜场，这不容易让服务对象产生抵触心理。谈话主题是画画和吹笛子。评估如下：小莹又黑又瘦，身高低于同龄人，手上身上长满冻疮，性格内向，不爱说话，学习成绩优异；小龙活泼好动，喜欢交朋友，学习不理想，对父母有一定的抵触情绪，但与姐姐比较亲。两人都爱好书法和音乐。第二次会谈与评估：地点设在社区，没有邀请父母参加，服务对象能畅所欲言。谈话主题是我心中的家人（包括父母和姐弟），谈谈家人优点和缺点。评估如下：这次会谈使社会工作者了解到服务对象以及家庭成员各自存在的“特点”（问题）。第三次会谈与评估：地点设在服务对象家中。邀请父母参加。谈话主题是与家人进行真诚沟通，与社会工作者建立伙伴式的工作关系。评估如下：在这次会谈中，服务对象与家人真诚沟通。孩子们对父母提出了很多爱的期望，而父母表示愿意尽自己所能做一些让孩子开心的事。同时在三次会谈后，社会工作者与服务对象也建立了相互信任的伙伴式工作关系。

（二）发现阶段

在这一阶段里，社会工作者与服务对象共同探索、发现、分析和评估系统内外存在的所有资源，并在此基础上建立具体目标和实施计划。案例中，社会工作者鼓励与协助服务对象自己画出他们各自的家庭图，并根据其家庭图探索拥有的资源。

服务对象的内外部资源包括以下两点：一是自然帮助。包括服务对象的父母、老师、同学，如果上述资源能给予更多鼓励、肯定与关爱，服务对象应该能变得更加自信和快乐。二是正式的社会支持。这主要来自社区服务机构和相关政府部门的政策与物质支持。

在了解内外资源的基础上，社会工作者与服务对象及其家庭成员共同制订了目标和具体计划：一是接纳自己，矫正行为偏差。开展心理疏导、建立学习小组、调整课堂座位。二是培养爱好，提高自信心。参加兴趣班学习，展现所学才艺。三是改善夫妻关系，树立“好榜样”。父母不轻易向对方发脾气、相互扶持促成和谐。四是加强家庭教育力度，改善亲子关系。父母定期与孩子沟通、定期带孩子参加户外活动、孩子做错事，不随意打骂。五是加强社区支持互动。参与青少年校外教育，如电视台夏令营活动。

（三）发展阶段

在发展阶段，社会工作者与服务对象一起激活和使用上述资源，实施行动计划，并在此基础上创造和扩展新的机会和选择。一是激活资源，实施工作计划。服务对象与新的资源间建立联系，体验新生活；而社会工作者则需要在不同场景下扮演不同的角色，既是促使服务对象主观认识发生改变的教育者，又是整个行动的组织者、与服务对象平等的资源整合者与管理者、相关人士之间合作的推动者。总之，社会工作者在实施计划的过程中扮演的角色是打火石而不是电池。二是拓展机会。当现有条件不能提供实现目标的足够资源，社会工作者需要和服务对象一起创造新的资源，拓展更多的途径和机会。在本案中，小龙和小莹的现状不符合有关政策的办理条件，社会工作者通过“在职党员进社区微心愿认领活动”帮助解决实际问题。

五、绩效评估与反思

（一）绩效评估

评估既可以使社会工作者和服务对象看到合作已经取得的成果，体验成就感，也可以使社会工作者看到自己在知识、技能等各方面需要改进的地方，帮助他们更好地应对以后的问题。具体评估内容有以下三个方面：一是效果。服务对象表示他们父母现在很少争吵，父母给孩子们过生日、游西湖、逛灯会，给他们一个快乐的童年生活；在老师帮助下，服务对象结交了好学生，成绩进步很快；在社区志愿者宋师傅的帮助下，服务对象继续学习吹笛子和书法；在社区的支持下，服务对象经常参与青少年校外教育活动，小莹显得亲切主动，小龙显得懂事乖巧。在电视台的支持下，服务对象参加了夏令营活动，丰富了他们的课余生活。二是效率。过程中所有的支持系统合理进行分配，多种系统的同时支持，缩短了服务对象实现改变的时间。三是公平。由于本案中有两个服务主体，在这个过程中，两个主体都得到了改变：小莹的自卑转变成自信，小龙的厌学转变成好学；他们共同爱好的书法和音乐也得到了支持和发展；同时服务对象的父母也在这个过程中转变了不良的生活习惯和教育方式。

为确保目标的实现，在工作关系即将结束的时候，社会工作者做了以下方面的努力：一是鼓励服务对象把获得的方法、技能及信念应用于未来生活中的其他挑战；二是分享与处理关系结束时的感受和情绪；三是回顾过去的工作过程，展望未来服务对象有可能遇到的成功与挑战，如有需要，为下一步的跟进做计划与准备。

（二）专业反思

同理、接纳、倾听等技巧是帮助社会工作者与服务对象建立信任的基础，同时需避免产生专家与服务对象权利不对等的关系；建立平等、合作的伙伴式工作关系是帮助服务对象形成助人自助的关键，同时平等的合作关系是基于承认存在个人及其所处社会情境的优势之上的，这意味着社会工作者对服务对象经历和建构他们的社会现实生活的方法的信任，社会工作者决不能把自己对这个世界的观点强加于服务对象；在整个人与环境互动过程中，社会工作者充分整合了服务对象周边的支持系统，包括家庭支持系统、学校支持系统、社区支持系统。支持系统的灵活运用也是帮助服务对象取得成功的关键。

专家点评：马良（浙江工商大学社会工作系主任、教授）

对外来务工人员的社会工作服务非常有必要，其面对的困境很大程度上是制度性和政策性的原因所造成的。何雪婷通过个案工作的手法，以外来务工人员子女为服务对象，整合社会多种资源，修复亲子关系，为“小候鸟”成长搭建了幸福快乐的家庭环境、学校环境和社会环境。她在服务的目标设定上强调服务对象“理性地悦纳”自己，从家庭环境、亲子关系、学校同伴等方面分析了服务对象存在的困境，通过具体的专业化服务，取得了良好的效果。

从个案工作的专业服务来看，第一，很好地运用了社会工作的“同理心”原则，能够深入到服务对象的生活情境，在对日常生活的体验中去发现服务对象的需求。第二，体现了社会工作服务的专业性，整合多元化的社会资源，为服务对象搭建社会支持系统。通过整合学校同伴、社区志愿者、辖区单位、家庭等资源，对“小候鸟”们提升学习兴趣、改善生活环境、获取心理支持等发挥了很好的作用。

当然，本案例也有不足之处。首先，对个案工作心理社会治疗模式的运用还需完善，要注重理论和实务结合的紧密度；其次，在具体的亲子关系干预过程中，确实要为“小候鸟”们赋权，但同时也要防止用社会工作者自身的价值观来评判服务对象的需求。

摆脱邪教控制　家庭回归幸福

江山市虎山街道安泰社区　毛晓英（社会工作师）

世上最难做的两件事情，一是把自己的思想放进别人脑袋，二是把别人的钱放进自己口袋，邪教人员转化工作类似于前者。社会工作者运用需求导向的家庭社会工作方法以及社区矫正技巧，经过又一个7年坚持不懈的努力，使家族式、信仰型、“二进宫”（两次进监狱）、痴迷某邪教7年多的张某，摆脱了邪教控制。

一、基本信息

个案背景：张伟（化名）现年45岁，高中文化。1995年在某公司做电工的他看了一本某邪教的书，“很感兴趣”，开始加入某邪教组织，并越来越痴迷，当上某邪教当地的站长，又发展妻子、父母入教，把妻子培养成了某邪教辅导员。1999年张伟和王莉（化名）因参与某邪教非法活动被劳教1年。此后，妻子思想有了转变，与张伟离婚后去了外省。

张伟痴迷不悟，继续和父母暗中活动。2001年张伟又因扰乱社会治安获刑5年。2006年4月刑满释放回归社区，成了无业游民。一家子还在暗中从事邪教活动，被列为重点攻坚对象，由我带领其他社会工作者接手张伟一家的帮教转化工作。

问题及资源分析：张伟一家痴迷邪教，弄得妻离子散，却痴迷不悟；面临出狱后重新适应社会，以及就业、婚恋等现实难题；出狱后的张伟和父母住在一起，母亲是家庭妇女，一家三口仅靠其父微薄的企业退休金生活，经济拮据。

案主的社会支持系统薄弱，哥哥在外地，平时联系很少；父母都不是本地人，加上张伟本人性格较内向，在当地没什么亲朋好友，多年来与之接触紧密的都是邪教痴迷者，这些人很可能暗中与其联系，给转化工作带来更大的困难。

有利因素：张伟一家老实本分，主观上没有反党、反社会的故意，只是多年受邪教迷惑；虽然痴迷某邪教，但心存俗念。父母多次在社会工作者面前流露出想让他早日再婚，以便早抱孙子的愿望，而本人也不排斥再找女友；面临就业等实际困难，刚出狱的他很难自己解决。社会工作者拥有大量的信息和资源，可以通过帮助解决现实问题来为转化工作助力；相比政府工作人员，社会工作者的身份更容易被案主接纳，有利于工作的开展。

服务总目标：帮助张伟一家脱离邪教，过上普通人的幸福生活。

二、理论方法

（一）满足家庭成员需要原则

家庭社会工作理论重视家庭成员需求的满足，强调社会工作者既要关注受助家庭成员目前的需要，也要关注其长远需要；要随着家庭成员需要的变化将问题的解决、预防以及发展结合起来。结合本案，之所以痴迷邪教多次反复，是因为他们在其中获得了某种需求满足。案主没能找到代替邪教满足需求的其他途径，导致一再反复。只有找到案主痴迷邪教的原因，并找到替代满足，才能彻底解决案主的问题。

（二）生态系统理论

个人、家庭与社会之间的互动形成赖以生存的“生态系统”。生态系统理论注重个人、家庭的需要与环境中支持资源的两相协调，强调社会工作要把焦点放在四个方面：促进人的成长和发展、增强人适应环境的能力、移除环境对人的阻碍、增加社会环境对案主需求的响应和营养成分的提供。要改变张伟一家的思想行为，既要重视家庭成员个人的成长，又要关注家庭成员之间的相互影响，同时还要注重社区环境对案主需求的响应，重建新的健康的平衡。

（三）去标签化

“标签理论”认为，犯罪是社会互动的产物。当个人被社会上重要他人（如警察、法官）贴上“罪犯”、“邪教分子”标签，他就逐渐自我修正，自我认定就是偏差行为者。在这种自我心理暗示下，他的行为会更加偏离社会规范。所以社会工作者的一个重要任务就是“去标签化”，使那些“有问题的人”恢复为“正常人”。张伟一家早已被标签为“邪教分子”，很可能内心已认同这个标签。我们在工作中应注意外松内紧，在案主工作和生活的场所不宜扬其邪教痴迷者的身份。在与案主接触时，要反复强调他们是暂时被邪教迷惑和利用的“正常人”，给予他们和其他居民同样的尊重和关怀。

三、介入过程

开始阶段：工作目标，一是与案主建立良好的信任关系；二是根据生态系统理论，改变阻碍张伟转化的旧的社交环境；三是了解案主一家各自的需求情况。

张伟刚出狱时沉默寡言，身体状况不好，要在家调养一段时间。我们联系社区民警帮助办理户口重新落户等事宜，借此与之联系接触，表明社会工作者可以随时提供必要的帮助，赢得其信任。根据生态系统理论，为防止张伟和外面的邪教人员接触，我们找到他对面的邻居和居民小组长，让他们暗中帮着留意张伟一家的动态，看都有什么人来往，及时报告。邻居和居民小组长都是党员，非常支持。观察到父母对儿子出狱回家有种失而复得的喜悦，同时也为儿子将来的前途担忧，我们分析其父亲虽同为邪教人员，但退休前一直在国企工作，思想觉悟相对高些。我们找其父谈话，告其如果张伟再进监狱，很可能有生之年再不能相见。其父主动提出可以在家监督儿子的行踪，劝其不再与“那些人”联系。

我们成立了由社会工作者、居民小组长、社区工作者组成的“一对一”帮教工作小组。帮教小组巧用各种理由制造各种“偶遇”，每周至少一次去做案主的工作。经过一段时间接触，我们了解到案主一家痴迷邪教有一种“受益”心理：父母认为练邪教的气功可以祛病强身，张伟则是对“生命的无限、圆满”等论调十分向往，其实对练功不是很感兴趣；他们的共同点，都是低自尊、交友面窄、生活枯燥，通过从事邪教活动得到一种精神上的满足。

转化阶段：一是帮助张伟就业，解决其生存问题；二是找到替代邪教满足案主需求的途径，实施并强化；三是改变案主对自身以及对某邪教的认知。

张伟从一开始排斥社会工作者、封闭自我，到慢慢向社会工作者敞开心扉；从消极避世到愿意脚踏实地地工作生活。一段时间休养调理后张伟的身体状况有了好转。我们陆续帮张伟找了家政、建筑工地、工厂3份工作，因为种种原因都没能做长久。得知张伟由于坐牢其电工证已脱审5年，我们与相关部门多次协商，多方奔走，给了张伟一次补办电工证的机会。2006年10月13日，我们安排车子专程送张伟去40公里外考试，让他十分感动，当即表示电工证办下来后一定好好工作。拿到电工证后，帮张伟找到宾馆电工的工作，他积极肯干，2007年6月升为电工班领班。2008年12月张伟又被另一家大酒店看中，收入多了好几百元，离家还近，全家对这个工作非常满意。社区办公室电路电灯坏了，社会工作者都会第一个找张伟修理。居民家里找不到电工，社区工作人员也把张伟介绍过去。由于一些小修小补都不收费，张伟得到很多居民的赞扬，“业务”越做越多，这让他感觉快乐而充实，脸上渐渐有了笑容，见到社会工作者话也多了。

给张伟找工作的同时，“一对一”帮教小组的居民小组长想方设法把他的妈妈拉进社区排舞队，每天早晚跟着大家一起跳排舞，代替了她原先在家偷偷练功的锻炼方式，一起跳排舞可以和老姐妹们拉家常；叫其父来社区老年活动室看看书下下棋，慢慢地让他帮着发发通知、贴贴宣传画，慢慢适应了走出家门与人交流。此后的经济普查、人口普查，社区都请他参与，担任普查员，人的精神状态都变好了。帮教小组不时地旁敲侧击地做思想工作，反复强调“家人平安幸福才是真正圆满”

的理念，赞同他们想抱孙子的急切心情，鼓励他们多做儿子的工作，让其早日恋爱再婚。

要彻底让案主一家转化，正面交锋必不可少。看着张伟一家慢慢消除心理防备，就分别找他们进行严肃的谈话，帮助他们认清邪教的欺骗性以及反社会本质。父母表示早已脱离邪教了。张伟表示，以前很反感听不进去，现在觉得挺有道理，自己可能真的是被迷惑了，心里还有一丝牵挂的，就是关于生命的无限。对此，没有强迫其接受无神论的观点，而是介绍他读一些佛教的书，让他多接触宗教知识，开阔眼界。一段时间后，他告诉社会工作者，自己被佛教文化的博大精深吸引，不再迷恋邪教的论调。

巩固阶段：根据家庭生态系统理论，帮助张伟解决婚恋问题，巩固转化成果；增强环境对案主需求的回应度。

我们分析，如果张伟有一个明事理的妻子在身边督促着，反弹的可能性会大大降低。此前张伟父母和社会工作者一直帮着留意合适人选，张伟谈了几个，都没有成功。有一次我去美容店做美容，发现美容师秀秀挺合适，年龄和张伟相仿，能干，识大体。我介绍了张伟的情况后，秀秀表示愿意接触一下，只是不知道张伟介不介意她离异有小孩的身份。没想到，见了面他们彼此都比较满意。经过两年恋爱，在家人的催促下，2012 年 10 月，张伟和秀秀结婚了。

结婚前，我告诉秀秀，张伟曾经痴迷邪教并入狱。秀秀说张伟已经向她坦白了，“我相信他”。我叮嘱秀秀还是要留意一下张伟的行踪，避免反弹的事情再次发生。秀秀表示如果有什么异常，一定会劝告张伟并第一时间通知我们。婚后一家人其乐融融，不再提及邪教那些事。

四、评估与反思

社会工作者对张伟一家的帮教转化工作前后历时 7 年多，达到了预期效果，转化成果已经有关部门验收确认。

运用社会工作方法转化邪教痴迷家庭，对社会工作者来讲算个新课题，它类似社区矫正但又不完全是社区矫正。邪教痴迷人员的心态和社区矫正对象不同，他们往往不认为自己犯了法，而是觉得“信仰”遭到了打压，是“受害者”，因此工作难度相当大。需求导向的社会工作充分关照案主的需求，不仅完成了政府交办的转化任务，而且给予了案主全家人性化的关怀，把他们从封闭、偏执的自我中引领出来，增强了其适应社会、与人交往、生存和获得快乐的能力。

存在的问题是，社会工作人性化关怀与政府部门要求对邪教分子严厉打击存在一些伦理冲突。如何做到宽严并济，既给案主以人性化的关怀，又恩威并施体现国家相关政策立场，是今后的工作中需要注意改善的。

此外，按照生态系统理论、需求导向理论，问题人物、问题家庭的产生与社会大环境能否及时回应个人和家庭的需求有关，社会工作者或许还需要考虑建立一个系统，能对居民的各种诉求及时了解、回应和处理，这样才能从根本上铲除各类邪教滋生的土壤，防患于未然。

专家点评：杨艳东（浙江工业大学教授）

运用社会工作方法帮助邪教家庭转向正道的成功案例所见不多。本案例工作难度大、耗费时间长，是一个具有特殊示范意义的案例。本文开篇之句发人深思，从更高的层面来说，邪教分子能够把错误的观念灌输到正常人的头脑中，我们的社会工作者拥有科学的理论指导、合法的社会资源、专业的工作方法、积极的正能量，就更应当有信心能够把正确的价值观播种到误入歧途者的脑子里，帮助他们找回正确的生活道路。

本案例之所以能取得成功的收效，一方面在于专业理论方法的应用和多种社区资源的支持，另一方面更在于社会工作者对帮助对象不放弃、不歧视的真诚态度和坚持不懈的努力。同时，对于直接面向案主的一线社会工作者来说，良好的沟通能力和人际亲和力也是必备的职业素质，有助于顺利开展工作。

青少年提升人际交往能力小组工作

杭州市下城区潮鸣街道所巷社区　丁颖（社会工作师）

一、案例背景

目前社区青少年主要有两类情况。一类是本地居民的子女。以独生子女为主，父母祖辈都比较宠爱他们，逆反心理比较严重，以自我为中心，不太接受别人的批评和建议，缺少责任心和同情心。他们往往缺乏与他人交往的技能，更不善于用身体语言表现自信、友好，缺少与同伴间正确的交往，而一个人的交往能力常常会决定他的才能是否被社会所认可。

另一类是外来务工人员的子女。他们一般随同打工的父母进入城市，这类青少年随着城市化进程的加快也日益增多。所巷社区的小学中，有40%的学生是外来务工人员子女，他们的父母往往忙于生计，很容易无意中就忽视了对孩子心理的关注和教育。老师们反映这些孩子大多性格内向，并且大都有着很强的自卑心理，不容易与同学和老师沟通。往往教师一句无意的批评或者同学一句玩笑，都可能使他们原本脆弱的心灵再次遭受重创，导致孩子形成性格障碍，影响他们人际交往的能力，而这也是影响他们融入城市的一个原因。

二、需求评估

2012年10—11月，我们对在潮鸣街道范围内的小学、初中和高中的1275名学生和家长进行问卷调查，了解学生和家长对参与社区活动的需求，孩子们希望在活动中得到哪些方面的帮助。通过调查，了解到目前学生主要面临的问题排在前三位的是学业压力、人际交往、考试焦虑，家长主要面对的是亲子关系和孩子的社会适应性。从中可以看出不管是家长还是学生都很重视人际关系。在时间上，我们也发现很多学生和家长对社区的活动都选择在假期参加。

社区每年假期都要开展各种青少年活动，一般以听讲座、看展览、写征文、搞卫生等主要针对个人的活动居多，而对增加青少年人际关系的互动活动开展得并不多。在这个社会大背景下，为了更好地服务社区，有必要帮助本地青少年和外来务工人员子女相互学习，取长补短，学会交往。

三、服务计划

（一）理论框架

1. 小组互动模式理论。小组互动模式理论亦称小组互惠模式理论，是基于人与环境和人际之间的关系而建立的一种小组模式。小组互动模式下的小组工作焦点在于互动关系及其效果。其理论基础主要源于发展心理学、社会关系和社会结构理论、小组动力学理论。社会工作者在开展互动模式下的小组工作时，应坚持开放性的互动、平等性的互动、面对面的互动等原则。

根据小组互动模式理论，我们将要开展的青少年人际交往小组，即是一个由各个组员的互动所形成的心理场域，所有小组活动的设计和开展均致力于提高交往能力、提升相互信任，帮助他们学会自主交友和关爱他人。青少年人际交往小组的进展均取决于小组互动程度的引导和培育。

2. 社会学习理论。社会学习理论建立在行为主义理论基础之上，不仅强调人类行为的习得性，即教育和环境的重要性，并且强调人的行为、思想、情感反应方式和行为不仅受直接经验影响，同时也受间接经验影响；行为与环境具有交互作用；观察和模仿学习是学习的重要过程，个人的认知在学习中发挥着重要作用。

我们开展的青少年人际交往小组就是一个进行社会学习的重要场所。在这里，每个青少年都是一个资源库，大家通过分析各自的想法、经验和感受相互学习，通过学习别人的经验推动自己的成长进步；小组还可以提供丰富的替代强化的资源，青少年在小组中不仅可以观察到各种各样的行为，还可以看到这些行为的后果，分享的经历和经验材料可以为其他成员提供学习的榜样或者前车之鉴，充分发挥替代强化的作用。青少年在小组中可以通过积极的社会学习获得改变、开发自身成长的潜能。

基于以上理论，我们开设的青少年人际交往小组遵循互惠模式的原则，采用民主的组织方式和开放的沟通方式，引导成员在小组互动中平等地表达自己的观点和分享各自的经验，致力于在互相学习和交流中不断提升小组动力、促进个人成长。小组活动形式主要有小组讨论、情境表演、小组游戏、爱心走访等，设计的主题活动尽量照顾青少年的需求，利于开放沟通氛围的形成。

（二）小组目标

1. 促进青少年提高交往意识，掌握交往技巧，增强交往能力。
2. 促进青少年改善人际交往关系。
3. 促进他们关爱他人，尊重他人，信任他人和接纳他人的能力。
4. 促进青少年的团队沟通和团队协作能力。

（三）成员确定

1. 对象：社区范围内的青少年（自愿参加）。
2. 人数：12 人。
3. 成员特征：希望提升自己人际交往能力，建立和谐的人际关系。

（四）小组特征

封闭式、结构性、发展性小组。

（五）活动地点

东园公园活动室二楼。

（六）活动方案

次数	小组活动名称	小组活动时间
第一次	破冰之旅	2012 年 7 月 18 日 14：30—15：45
第二次	相识即有缘	2012 年 7 月 25 日 14：30—15：45
第三次	心灵不设防	2012 年 8 月 1 日 14：30—15：45
第四次	倾听你我他	2012 年 8 月 8 日 14：30—15：45
第五次	我们都是好朋友	2012 年 8 月 15 日 14：30—15：45
第六次	再见亦是朋友	2012 年 8 月 22 日 14：30—15：45

四、活动实施过程

第一次活动名称：破冰之旅

活动目标：促进成员间相互认识，增加他们的熟悉度。建立团队，定下团队规范。订立小组契约。

活动过程及内容：

个别活动时间	目标	内容	所需物资	备注
10 分钟	社会工作者作自我介绍，让大家清楚地了解小组的组织者，使组员了解小组目的及内容，澄清他们的疑问	社会工作者自我介绍（包括姓名和在组中的角色），说明小组目的及要求		
15 分钟	使组员之间有初步的认识和了解	通过抛绣球的形式让组员作自我介绍（包括自己的名字、自己的特长、兴趣和爱好）	一个绣球	

续表

个别活动时间	目标	内容	所需物资	备注
15 分钟	促进成员间相互认识，增加他们的熟悉度	破冰游戏，进行解手链游戏。增加他们的合作和交流能力		
10 分钟	使组员进一步了解团队的概念，并引导他们迈出人际交往的第一步	说说我是谁，让组员们相互叫出对方的名字、特长和爱好		
10 分钟	与组员一起订立小组协议，使他们对小组更有归属感及承担责任，使活动可以有秩序地开展	社会工作者介绍小组契约的必要性和主要内容，澄清组员问题。大家一起在一致认同的小组契约上签字	笔 12 支，小组契约书 12 份	
10 分钟	总结分享，谈谈自己的心得体会	大家谈谈自己的体会，对下次活动的期望。社会工作者作总结，约定下次活动时间		

通过第一次活动的开展，成员之间有了初步的认识，也初步确立了小组规范和契约，为接下来的小组活动的开展奠定了基础。

第二次活动名称：相识即有缘

活动目标：促进成员熟悉，增加成员自我认识，活跃团体气氛，建立良好的人际氛围。

活动过程及内容：

个别活动时间	目标	内容	所需物资	备注
10 分钟	热身游戏，活跃气氛，缓解组员间的紧张气氛	“坐地起身”暖身游戏		组员两两一对，做游戏
25 分钟	了解自己和他人对交友的认识	由前面游戏赢的组先说。谈谈自己好朋友的特点、性格、爱好等，说说你们怎么成为好朋友的		每个人说 2—3 分钟。社会工作者注意引导
20 分钟	学会认识新的朋友，结交新的朋友	让组员在小组成员中选择一个新朋友，说说原因		每个人 1—2 分钟。社会工作者注意引导
10 分钟	大家总结谈论今天活动的收获和体会	大家谈谈自己的体会，对下次活动的期望。社会工作者作总结，约定下次活动时间		
5 分钟	布置作业	给一个组员写封信		

第二次活动大家都比第一次活跃，相互间也开始熟悉起来，每个人都开始结交新朋友，开始学会经验分享、交流参与本活动的感受和体会。大家都对活动比较积极。

第三次活动名称：心灵不设防

活动目标：提高交往意识，促进成员间信任和接纳，增加组员间团结合作相互信任。

活动过程及内容：

个别活动时间	目标	内容	所需物资	备注
10 分钟	叫出每个组员的名字	围成一圈，每人一支笔，一张纸。从自己左手边按次序写下每个组员的名字	笔、纸	
40 分钟	促进组员之间团结合作、相互信任	把上面叫出名字最多和最少的配对做“盲人旅行”游戏	就地准备障碍物	
10 分钟	自由发言，分享活动感受	大家谈谈自己的体会，对下次活动的期望。社会工作者作总结，约定下次活动时间		
10 分钟	小结，布置作业	作业：6 个人为一个小组，自由组合，想一个情景小品，内容是 6 个人一起去爬山，迷路了，联系不上人，怎么办（6—8 分钟）		

第三次活动组员们积极性更高，相互之间也比较熟悉了，尤其是在做合作性游戏时，大家的情绪调动比较高，相互之间也比较合作。活动结束后，大家在谈体会时都认为通过这次的活动让他们知道了合作和信任的重要性，让他们学会如何与同伴分享成功和失败。

第四次活动名称：倾听你我他

活动目标：提高交往意识，掌握交往技巧，增强交往能力。

活动过程及内容：

个别活动时间	目标	内容	所需物资	备注
15 分钟	1. 通过游戏思考信息传递过程中会产生的问题和沟通技巧的重要性 2. 培养良好的听说习惯	“传话游戏” 思考：沟通中信息扭曲的主要原因，应注意的沟通技巧是什么		
30 分钟	通过情景表演发现沟通的技巧和合作的重要性	情景表演 思考：沟通的技巧和合作的重要性		
10 分钟	自由发言，分享活动感受	大家谈谈自己的体会，对下次活动的期望。社会工作者作总结，约定下次活动时间		
10 分钟	小结，布置作业	给你最不熟悉的组员写信		

第四次活动时大家已经非常熟悉，相互之间可以不用引导就自动在聊天沟通，这次活动结束后，组员们说现在才知道在沟通中聆听和交流一样重要，如果不能很好地理解别人说话的意思，那么交流就会鸡同鸭讲，同时在沟通中也学会换位思考，去体会别人的想法，学会与不同的人沟通。

第五次活动名称：我们都是好朋友

活动目标：巩固小组活动效果，促进小组成员展现自己，放开自我，悦纳自己，悦纳别人。

活动过程及内容：

个别活动时间	目标	内容	所需物资	备注
10 分钟	活跃团体气氛	“猜猜我是谁”		
15 分钟	进一步培养小组合作精神，增进感情	游戏“小小岛”	报纸若干张 小礼品10份	
15 分钟	进一步了解合作的重要性	谈谈成功的体会，也说说可以改进的地方		
20 分钟	展现自我	组员才艺表演，展现自我风采		每人2—3分钟
10 分钟	自由发言，分享活动感受	大家谈谈自己的体会，对下次活动的期望。社会工作者作总结，约定下次活动时间		

第五次活动时组员之间已经活跃了，不太需要社会工作者调动积极性，相互之间更加团结协作，在活动过程中不但可以团结合作，也可以在朋友面前展现自己，放开自我，悦纳自己，悦纳别人。组员在活动结束后说，现在他们觉得和别人交流没有以前那么困难了，多交朋友一起玩比一个人在家玩更有意义。

第六次活动名称：再见亦是朋友

活动目标：巩固组员友谊，处理离别情绪。

活动过程及内容：

个别活动时间	目标	内容	所需物资	备注
10 分钟	活跃气氛，促进小组成员沟通和合作	游戏“拼图”	原图和原图碎片各 2 份	
20 分钟	帮助组员认识到自己的变化，加深组员之间的了解	回顾整个活动，体验自己的改变	整个活动的影像资料	
15 分钟	增加友谊，感受认可	天使留言：社会工作者事先将组员的名字分别写在纸条上，依次让组员随机抽取一张，并在纸上写下对其的印象改变和祝福，并依次送给组员	贺卡 12 份	
10 分钟	评估小组成效	活动：总结评估 填写“小组成效评估之成员评估表”	评估表 12 份	
15 分钟	通过告别活动处理离别情绪	活动：告别 每个青少年都拥抱告别；全家福：合影留念；宣告小组活动结束	纪念品 12 份	

第六次活动，也是最后一次活动，大家在活动中都表现出依依不舍的情绪，社会工作者在安慰他们的不舍情绪的同时，也告诉他们，活动虽然结束了，但他们的友谊并没有结束，大家都是住在同一个小区的，以后还是可以在一起玩的；同时告诉他们，这次的活动是帮助他们学会如何结交朋友，如何与人交往，如何与人合作，希望在今后的生活中他

们可以结交更多的朋友。大家也说通过活动，他们觉得自己开朗了很多，觉得主动与人交往也不是那么困难的事情，以后在生活中会更主动地结交新的朋友。大家都比较认可这次的小组活动，觉得通过活动不但结交了新的朋友，还学会了与人交往，人也比较开朗了，活动还是收到预期的效果的。

五、评估总结

（一）过程评估

小组成员的出席率、参加活动的活跃性。

这次为期一个半月，共6次的青少年人际交往小组活动，参与活动的青少年的参与度比较高，6次活动的参与度分别为100%、91.7%、100%、83.3%、100%、100%，平均参加率为95.8%，不参加的都提前请假，说明原因。在活动中，青少年的积极性也比较高，都能全程参与每个游戏，每次活动结束每个组员都能谈自己活动的体会和收获。

（二）问卷反馈

在对“小组活动评估表”进行量化评估中，从表中看出青少年对这次活动评价比较高，都觉得有所收获，尤其是对自己的评价为86.78分，对小组的活动形式和社会工作者的领导方式都比较满意，对这次的小组活动表示满意。

结合服务对象评价和现场活动的表现可以看出，小组活动开展的效果较好，预定目标基本完成。

六、专业反思

（一）活动过程中处理技巧生硬

如某服务对象比较活跃，话比较多，在第一节活动时，社会工作者就没注意引导，而是直接打断他的讲话，这在小组活动中是很忌讳的，因为这可能影响他的积极性以及日后在小组活动中的表现。

（二）对活动中时间的控制不够强

由于参加活动的青少年年纪小，尤其是在玩游戏时太投入而无法控制时间，以致有 3 次游戏的时间超出预定时间而影响了后面的活动，造成虎头蛇尾，这在将来的活动中是要注意的。

七、回访追踪

小组活动结束后，社会工作者也定期走访参加活动的青少年，了解他们在家里和学校的表现，并追踪小组成员在活动结束后相互联系情况。通过走访了解，这 12 名青少年中两两联系比较多，多人联系比较少，同一分组的人联系多，分在不同组玩游戏的人之间联系比较少，说明小组活动取得了效果，但后续不足。

专家点评：高燕（浙江工商大学社会工作系副主任、博士）

该案例是一个青少年服务的典型案例，中观性服务目的是“融入”，微观层面的服务目的是青少年的自我成长。本案例小组策划、操作程序基本规范，具有一定的代表性和参照性。

诊断的过程中发现的问题，如果能有针对性地策划在小组活动中，将更加有助于服务对象的自我认知。把问题和治疗放在“情境”之中，可以内化案主小组成员的行为改变和能力提升，真正达到“助人自助”的效果。小组活动内容可以在内涵上更加丰富，并关注到“城市儿童”和“流动儿童”的差异与需求。

吾家有女初长成

杭州市下城区天水街道灯芯巷社区　高佳瑾（社会工作师）

一、个案背景

小梅（化名），女，15 岁。现在读初二，与父母生活在杭州。12 岁前，小梅是在江西农村和奶奶一起度过的，深受奶奶宠爱，和奶奶感情非常好。来到杭州与父母一起生活的这些年，小梅与家人的关系一直比较紧张，特别是经常与母亲因为一些琐事发生争吵。初一时，小梅迷上了网络，耽误了学习，初二时学习成绩明显下降，老师已经多次把家长叫到学校谈话，家长多次责骂无效。3 月份某周日，小梅因为上网晚归，受到了父母的责打。她倍感委屈，扬言要彻底离开这个家，退学回奶奶家。小梅的母亲在惊恐和无奈中来社区求助。

二、资料收集和分析

社会工作者通过家访、与家庭成员面谈、查阅小梅成绩单、向班主任了解校内表现等方式，收集资料并作出分析。

情绪表征：案主与家人的关系不佳，由此带来的痛苦和失落对案主的学习、生活造成了困扰。与社会工作者聊天时，都会说到自己与母亲争吵的事情，很想得到社会工作者的倾听和认同。

家庭状况：案主的父亲陈某，为人老实木讷，来杭州打工 10 多年了，一直在小区里做保洁员，工作非常辛苦。案主的母亲沈某，性子比较急躁，爱唠叨，也在做保洁员。父母都很关心案主，对于女儿的叛逆行为非常担忧。

其他资源：社区内有热心的志愿者可以为小梅提供课业辅导；学校班主任是位认真负责，关爱学生的年轻优秀教师，愿意协助社会工作者开展工作。

三、问题及需求

小梅曾是一名农村“留守儿童”，年幼时便与父母长期分开。家庭环境的不稳定使她缺乏安全感和归属感，对父母有一些怨恨和不满的情绪。来杭州共同生活期间，小梅与父母的隔阂并未消除，关系也没有改善。再加上青春期容易冲动和情绪不稳定的心理特点，使得她对父母的管教和批评容易产生较强的逆反心理。

小梅的父母受教育程度比较低，同时被生活负担所累，在如何教育好子女方面缺乏经验和精力，采用的方式过于简单粗暴，进一步激化了家庭矛盾。

社会工作者认为案主与家庭的冲突主要是由于家庭成员间不良的互动关系和沟通模式引起。社会工作者试图用家庭治疗模式来协助家庭成员学习沟通技巧，改善家庭关系，建立良好的互动模式。同时，对小梅的父母进行专项辅导，帮助他们掌握更好的教育手段和方法。从根本上化解小梅与父母间的冲突，促进家庭的良性运转。

四、与本案相关的理论

家庭治疗理论认为家庭是一个有机系统。个体离开家庭系统就不能被充分了解。按照系统理论，个人的情绪和行为会影响整个家庭系统的运行状态，同时整个家庭系统的状态和运行机制也会影响到每个家庭成员。问题可能表现为个人的，但产生问题的根源却是家庭。个人的症状可能是家庭功能失调的表现。所以个人面临的问题也是家庭共同面临的问题。因此，要改变家庭中问题行为，治疗不能单从某个家庭成员入手，而应以整个家庭为对象。治疗措施应该着眼于调整家庭成员的互动关系，恢复家庭功能。

五、工作介入方法

家庭雕塑：是一种用来观察、测量以及修饰关系的方法，它提供了一个直观的画面，来探讨和提示家庭成员间的相互关系。运用时，社会工作者要求家庭成员以自己为第一视角的方式用模具来摆放家人的各种空间位置和动作，并加以解释说明。一般是在全体家庭成员都参与的情况下进行。

沟通技巧：很多家庭的问题源于家人间的沟通障碍。因此有必要帮助家庭成员在咨询过程中学习沟通技巧，包括如何聆听，如何尊重别人的私人空间，说话时如何跟对方有恰当的目光接触，如何表达自己的意见让他人接受，如何进行换位思考，等等。

提问技巧：直线式提问是具有探究性的，以探索内容和推理为主，属于“就事论事”。例如，社会工作者问小梅：“你和你母亲的关系如何?”循环式提问是通过对每个家庭成员的轮流提问，以了解他们对家庭中存在的问题以及其他家庭成员的看法，了解家庭成员之间的互动关系。策略式提问主要在某一特定方向上提出新的可能性。例如，可以问小梅的母亲：“如果在一周内，你只讲一句关于孩子的学习方面的话，会发生什么情况呢?”这样的方式提问并非关注行为本身，而是想刺激对方去考虑新的行为方式的可能性。

六、制订服务计划

（一）工作目标

改善案主家庭的互动关系，协助改变案主沉迷网络的行为，帮助案主提高学习成绩。

（二）行动计划

1. 工作前期：社会工作者为案主提供建设性的情感宣泄机会，通过了解、接纳、积极倾听、同理、鼓励和积极帮助等支持性技巧的运用，以降低案主的焦虑与不安感，并逐步建立起相互信任的关系。

2. 工作开展阶段：

（1）运用探讨、描述和疏通的反应性技巧，与案主一起探讨自己童年经历的认识，帮助案主表达感受，宣泄情绪，减轻心理压力。

（2）运用家庭雕塑的治疗技巧，让案主家庭一起回忆过去生活中的快乐与痛苦，分享每个家庭成员的感受。

（3）协助案主学习沟通的技巧。

（4）为案主的父母提供家庭教育的相关辅导。

（5）与案主一同，实施课业辅导计划。

3. 巩固发展阶段：

（1）鼓励家庭成员用新学到的行动方式代替旧的方式。

（2）鼓励案主参加校外活动，培养意志力，树立自信心。

（3）引导案主培养其他的爱好，转移对网络的兴趣。

七、实施服务

第一次家访，与案主进行面谈。

（在约定的某个周六的上午，社会工作者来到小梅家中进行初次面谈。社会工作者到家后受到了小梅父母的热情招待，但小梅则显得有些无所谓，不时还流露出戒备的眼神。为了消除小梅的防备心，社会工作者暂时将小梅的父母请出了家。）

“小梅，你好。我是社会工作者小高。今天来你家，是因为你母亲前些日子来找我，和我聊起你最近烦恼的事，非常不开心，是这样的吗？”

“我才没烦恼呢，我看我妈的烦恼才是最大的。她整天冲我唠叨，抱怨这抱怨那的。”

“那你妈整天在家唠叨，你会不会烦啊？”

“当然烦啦，我最不耐烦听她唠叨。很烦的时候，我就跑出去玩，躲得远远的，耳根子就清净了。”

感受到小梅慢慢进入谈话中，社会工作者开始运用一些澄清、对焦的技巧来深入谈话内容，引导案主面对自己的问题、处境。

社会工作者：“你刚才说你妈妈总是对着你唠叨，那是为了什么事情？”

小梅：“她什么事情都看不惯，都会唠叨。我的书桌乱一些她就唠叨；我的衣服脏了她要唠叨，我回家晚一点她也要唠叨。”

社会工作者：“还有什么事情呢？”

小梅想了想，说：“上网啊，我每次上网她就不高兴，要骂我。上周，我妈还联合我爸打我。这个家里，他们都不爱我，只会欺负我。”

社会工作者：“父母打骂你当然是不对，关于这点我会和你父母好好地谈。但是，我特别想知道为什么你觉得父母不爱你呢？”社会工作者用积极的身体姿态和眼神的对视，鼓励案主进一步表达。

小梅眼眶微微湿润，说：“我很小的时候，他们就不要我了，一年也不来看我几次。我是和奶奶相依为命长大的。后来，他们为了我读书又把我接到了杭州。刚到杭州那会儿，我一个朋友也没有，奶奶也不在身边，他们也只顾着自己忙，没关心过我什么。我在学校里，成绩不好，也没什么朋友。后来，我就去网吧，通过 QQ 联系上了以前的同学，大家聊得来，还能一起打游戏，和他们在一起，我才觉得快乐。但是就这点，我妈都不允许。你说，他们这是爱我的表现吗？”

社会工作者：“非常高兴你能够信任我，和我聊了那么多的事。接下来，为了使得你们的家庭快乐健康，我需要和你们一家人合作，你愿意加入吗？”

小梅点点头，表示愿意接受社会工作者服务。社会工作者与小梅确定了下次见面的时间和地点。

在接下来的几次会谈中，社会工作者陪同小梅回顾了成长经历，释放了家庭生活不愉快带来的心理压力。周末，社会工作者还带着小梅去小区观察了保洁员的工作情况，让小梅体验父母工作时的艰辛和生活的不易。

通过一段时间对案主家庭的观察，社会工作者决定进入家庭面谈阶段。面谈主要从改善小梅与父母的关系入手。社会工作者让小梅回忆童年时代家庭的关系以及她对父母的感觉。可以用不同颜色的积木来分别代表爸爸、妈妈、奶奶和自己。小梅在桌上摆出了童年时的情形，她把自己放在奶奶身边，把爸爸妈妈分开放在很远的地方。她说，奶奶是最疼爱她的人。听到这里，小梅的妈妈暗暗流泪。社会工作者让母亲说说想法，小梅的妈妈说这是一段不得已的经历，也是无法弥补的遗憾。当年，为了还债，夫妻二人进城打工，做着最累的活，还没有固定的住处，根本带不了孩子，只能把小梅托付给奶奶。她非常想念孩子，但每次去看望时，孩子陌生的眼神又深深伤害了她。好不容易，城里的条件改善了，把孩子接到了身边，但是却少了母女间应有的亲密，她怎么都走不进孩子的内心，自己也觉得非常的失落和无奈。说到这里，小梅的母亲忍不住放声大哭。小梅的父亲起身安慰，会谈暂时中止。在这个过程中，社会工作者注意到小梅始终低头听母亲哭诉，表情很凝重，但没有走近去安慰。

当小梅母亲情绪稳定后，会谈继续。社会工作者对于母女间的关系表达了自己的看法。其实爱有很多种表达方式，父母从小与子女分离并不意味着不爱，也许是另一种更深沉的爱。接下来，社会工作者问小梅，在她心中理想的家庭关系应该是怎么样的。小梅摆出的图形是自己在父母中间，三个人紧紧依靠在一起。她说，她很羡慕同学的家庭，父母和孩子的关系像朋友一样。社会工作者进一步启发她，请她说出对父母的期望和要求，也请父母对小梅说出他们的期望。从他们的交流中，可以看到，父母已经不再一味强调家长权威，也尊重起女儿的感受和需要。另外，小梅对父母提出的要求是希望多给一点空间，多一点信任和理解，少一点批评和指责。对于自己学习不努力，喜欢去网吧的行为，她也认识到了错误，承诺改正。双方在社会工作者的帮助下，已经开始试着用新的方式交流协商，即使有不同的看法，也不再以争吵的方式解决。

随着服务计划的推进，社会工作者增加了其他的服务措施。一是为小梅的父母安排参加了有效教育的讲座，学习如何掌握青春期的子女心理特征，进行有效沟通和教育。老师深入浅出的讲解，触动了小梅的父亲。他向社会工作者坦言，自己以前的教育方式过于简单了，没有很好地关注到女儿青春期的心理变化。今后将会多花一些时间陪伴家人，和妻子一起抚养好女儿。二是社会工作者安排志愿者为小梅提供免费的家教。与小梅共同制订了合理的学习目标和计划，如复习时间表等。并请父母和班主任老师共同监督。两个月后，小梅的成绩有了明显提高。三是发掘小梅文化体育方面的兴趣，介绍小梅参加了小区羽毛球队。羽毛球队每周都有一次固定活动，小梅基本都会参加，而且表现很积极。队友们反映小姑娘很活泼、很可爱。小梅在经过自身努力后，也逐渐变得更自信、更乐观了。

八、结案

在最后一次面谈中，社会工作者引导案主家庭一起回忆了过程中发生的事情。家庭成员分享了感受，觉得家里的气氛好多了，争吵的情况也少了，笑声多了起来。小梅基本能做到放学后按时回家并认真完成作业，学习成绩比以前进步了。在家时，小梅也会主动和父母聊起学校的事情或说说笑话，有时会主动完成洗碗、扫地等家务劳动。小梅的父亲看到女儿变得乖巧懂事尤其高兴，还为小梅购置了一台电脑。小梅的母亲对社会工作者的帮助表示了特别感激，觉得这段时间的辅导很有帮助，自己的心态也变好了，唠叨的次数也少了，也不再抱怨了，与女儿的关系亲近了许多。

社会工作者也感谢了他们全家的投入和配合，称赞小梅的父母非常有爱心有责任感，小梅也是个聪明懂事的孩子。所以，经过两个月的共同努力，大家都学会了如何更好地相处。希望今后，他们能运用好积极的沟通方式，相互体谅，相互关心，幸福地生活。

九、反思

社会工作者在介入个案时技巧方面的运用比较粗糙，理论和技巧的掌握还不够全面。在第一次家庭面谈中，社会工作者没有把控好气氛和节奏，影响到小梅的母亲情绪。

在面谈辅导中，社会工作者为案主小梅提供了解、接纳、积极倾听、同理、鼓励和积极帮助等支持性技巧，但是对案主幼年经历的负面情绪疏导做得不够深入。在回访中，社会工作者仍然能感受到案主对少年时被迫与父母分离的经历耿耿于怀。

家庭治疗聚焦于家庭结构和功能，同样也关注个人的特殊经历，非常适宜运用于青少年社会工作的个案辅导中。在治疗中，我认为最重要的有两点：一是社会工作者做好“观察员”。观察每个成员的地位和角色，观察家庭的冲突，观察服务中成员的变化，帮助他们提高潜能，恢复家庭功能。二是社会工作者要保持中立。在工作中的某一个时期，社会工作者可能会特别关注家庭中某一个人需求，但从服务全过程而言，社会工作者应该始终保持情感、道德的中立，给予每个家庭成员同等的信任和支持。

昔日垃圾王　今日环保人

杭州市西湖区三墩镇水秀苑社区　金好（助理社会工作师）

一、个案来源

阮大伯，70岁，家住三墩镇某小区，社区企业退休人员社会化管理对象。独居，有捡拾垃圾回家存放的嗜好，是一名远近闻名的“垃圾王”。

二、个案背景资料

服务对象的父亲早逝，母亲独自一人抚养他和妹妹成人。他一生节俭，终身未婚，更无子女，省吃俭用买下市区一套房子让其母安享晚年。他的妹妹结婚未育。服务对象2006年曾因尿毒症被送入医院抢救，做过两次血液透析后因负担不起高额的医药费，从医院逃回家，停止了治疗。2010年，服务对象的母亲去世，失去至亲的打击让他意志消沉，难以入眠，之后开始捡拾垃圾。日积月累，家里垃圾成山，天热时散发出恶臭，周围邻居怨声载道。

服务对象曾经意识到自己的心理状况有问题，想通过一些日常活动来摆脱这种困境，比如种植薄荷、茶花等植物送给邻居，捡拾可乐瓶和废品，到人多热闹的广场观看居民跳排舞等，但是邻居们对他避而远之。由于得不到大家的理解和认同，服务对象变得更加自卑、敏感。因内心责怪妹妹未尽孝道，而与妹妹断绝来往，感情上面缺乏沟通，得不到仅有的家人的温暖和关爱。服务对象认为自己孤单一人，对生活的态度非常消极。

社区工作者多次与服务对象进行面谈，希望能够打开他与妹妹之间横亘着的心结。因社区居民反应强烈，花费6000元清理他家里的垃圾。但是，阮大伯认为社区派人清走了他家的垃圾，也清掉了他藏着的“宝贝”，心存埋怨。

三、案例分析

行为表现：服务对象在母亲去世后，由于对孤单的害怕甚至恐惧，导致了其心理上的自卑、敏感和过度紧张，容易对身边的人产生猜疑和否定。身边的人怀着善意想帮助他，但一句不当的话或者一个不合适的行为，就会引起服务对象的误会，无法对身边的人敞开心扉。

人际关系：服务对象在母亲去世后，悲痛万分，将自己的内心封闭起来，不与人交往。将母亲去世的原因都归结为妹妹不懂事不听话。其不满和愤懑情绪逐渐放大，喜欢挑别人毛病，导致了服务对象与社会工作者之间缺乏稳定、有效的沟通，人际关系系统、社会支持系统已完全失衡。

情绪状况：情绪表现不稳定，对各种事物均作出悲观的解释，将周围的一切都看成是消极的。服务对象每次跟社会工作者提起他的母亲，就热泪盈眶，诉说自己想念母亲，几乎夜夜失眠，情绪低落，倍感无助。对自己的尿毒症病史也非常担心，一旦发病没钱治疗，无用感非常明显。

健康状况：服务对象2006年曾因尿毒症发作，被社区工作者送到医院进行抢救。后因承担不起高额的血液透析费用，私自放弃治疗。目前凭自学的中医学知识，种植中草药当作茶饮来控制尿毒症病情。最近一次医院复查结果显示，服务对象的尿毒症病情已经得到控制，但由于年岁已高，有血管老化、硬化等问题，时常感到胸闷，心慌。

经济状况：每月有2000多元的退休金。除了几十年积攒钱买下现在居住的房子外，还购入了2间小区车库，有一定的资产和存款。家里没有接通自来水，没有家电，烧一碗菜吃好多天……

支持网络：从小喜欢阅读，饱读诗书；热爱花草种植；为人本分，本质善良。但是由于服务对象性格内向孤僻，没有亲人、朋友关心照顾，因此社会支持系统非常薄弱。

社会工作者将服务对象目前的问题预估如下。

经济状况问题。因其孤身一人生活，若尿毒症再次发作，医疗费用以及陪护人员的开支将是巨大的，服务对象觉得自己到时候会无力支付高额的医疗费用和护理人员费用。

人际关系紧张问题。与人沟通交往中，缺乏必要的技能和技巧；与唯一的亲人之间关系恶化；不善于处理社会人际关系（如邻里、社区工作者、志愿者等），从而导致孤独、抑郁、焦虑、自卑、无助等不良情绪。

社会支持系统问题。主要表现为母亲去世后，对生活的适应不良。这主要由于服务对象性格孤僻，母亲是其精神和生活的寄托，失去了家庭支持系统中最有力的支柱之后，服务对象在与他人交往时，常常感到羞辱和没有自尊，服务对象还不能完全适应一个人的生活。

四、工作目标与服务计划

（一）结合服务对象的具体情况，根据目标实现可能性的大小，社区工作者将服务对象的介入目标划分为远期目标和短期目标

1. 远期目标：帮助服务对象发现自身潜能，重建自我、重获尊重、融入社会。

2. 短期目标：

（1）为服务对象提供支持和帮助，改善他的居住、生活环境。

（2）与服务对象共同协商，调配自身资源，解决经济上的后顾之忧。

（3）鼓励服务对象以积极的心态面对疾病，争取快乐生活。

（4）引导服务对象改变对关心他的人的看法，从而能够与他人建立起顺畅的沟通模式，使之能够建立起一定的社会支持系统。

（二）根据以上服务目标，具体介入计划分如下几步

1. 挖掘社会资源，为服务对象争取一些物质上的资助，帮助其改

善生活。

2. 与服务对象共同思考、研究改善其经济状况的方式方法。

3. 引导服务对象多用宽容的眼光看待身边的人和事，调整其心理状态，保持健康、积极的心态抵御疾病。

4. 帮助服务对象认识到自身价值，鼓励其参加社区各项活动，为居民志愿服务，以此建立起与他人的良好关系，使服务对象重塑形象，克服自卑，找回自尊。

五、服务过程

社区工作者经过分析，认为可以通过优势视角和心理社会治疗模式来开展服务活动。

优势视角（Strength Perspective）是一种关注人的内在力量和优势资源的视角，意味着应当把人本身及其所处环境中的优势和资源作为社会工作助人过程中所关注的焦点，而非关注其问题和病理。优势视角的基本假设是：相信人可以改变，每个人都有尊严和价值，都应该得到尊重。优势视角还认为，每个人都有自己解决问题的力量和资源，即便是处在困境中备受压迫和折磨的个体，也具有他们自己从来都不曾知道的与生俱来的潜在优势。优势视角下开展的社会工作助人实践活动中，改变服务对象现状的重要资源来自于其自身的优势。社会工作者通过发掘服务对象自身的潜能和优势，使其自我价值获得肯定和提升，从而促进外在（言和行）与内在（感受和需求）相联结，带来有效的人际沟通与互动。心理社会治疗理论模式中“人在情境中”的理论认为，服务对象出现的问题不单单是个人的问题，必须把他放在现实的情境中，即他的家庭、生活环境等互动关系中去考察，运用直接治疗（服务对象与社会工作者之间的沟通）和间接治疗（社会工作者与服务对象关系人以及服务对象关系人与服务对象之间的沟通）技术，来实现工作目标。

第一步：收集服务对象资料，摸清基本情况。

向服务对象居住楼道的楼道长了解服务对象的生活近况，其与亲人的关系及社区以前所做的一些工作。

第二步：与服务对象进行约谈，详细了解其生活现状。

服务对象见到楼道长和社会工作者，面露尴尬神情，只将家门开了一条缝，遮遮掩掩地与社会工作者交谈。社会工作者见服务对象不愿让他们进门，便改变策略，约服务对象到社区坐坐，聊聊天。服务对象谨慎答应。初次交谈，除了了解到服务对象的背景资料外，他讲述了母亲去世对他的沉痛打击和社区原领导清理家中的垃圾“宝贝”一事，情绪激动，认为社区的行为是不怀好意的。社会工作者适时解释了社区的行为是出于善意，同时还给予服务对象心理上的安慰。

第三步：多次接触服务对象，建立专业的信任关系。

由于服务对象性格孤僻，戒备心理比较重，不易深入交流，较难建立专业的信任关系。社会工作者不厌其烦，多次与其进行约谈。避重就轻，先邀请服务对象来社区体验“心灵飘剪”免费理发、测量血压等服务，与他拉家常。社会工作者的这些行为，使他真真切切感受到了对他的尊重和关爱。后面几次约谈非常顺利，每次服务对象都滔滔不绝，将他的成长经历、家庭状况和生活现状如实相告。社会工作者认为服务对象内向的性格，对生活过于节俭的苛求，周围邻居的冷漠，加上失去母亲的巨大悲痛，使他产生了焦虑、抑郁和自卑情绪。

第四步：共同思考，帮助服务对象研究改善经济状况的方法。

服务对象表示自己捡拾垃圾回家存放，主要是想靠卖废品积攒一点钱，担心今后看病、住院费用不够，对此感到苦恼。本着“案主自决”的专业价值观，向服务对象提出建议：将两间车库进行出租，每月租金有近千元，可以不必再捡拾废品去卖，他表示赞同并予以采纳。两个月后，服务对象在社区的劝说下，花了一周时间，自行将家中的废品、垃圾清理干净，难闻的异味终于散去。

第五步：积极争取社会资源，为服务对象提供物质支持和帮助。

服务对象家中不通水，仅有一盏昏暗的吊灯，为了争取一些资助，社区向《杭州日报》手拉手公益平台的记者求助，社会上的热心人纷至沓来。邻居拿来水管、龙头，让社区转交物业，要求帮服务对象家中接通自来水；有人送来一部老年手机和 100 元话费；有浙江工业大学心理系的学生志愿者来陪服务对象聊天，做心理辅导；辖区的共建单位——杭州银行的“青年文明号”团员们帮助打扫卫生，还为他购置了一台冰箱和一部半导体收音机……

第六步：发掘服务对象自身潜能，帮助其重塑自尊自信，融入温暖的社区大家庭。

马斯洛的需求层次理论认为，人的需求从低级到高级分为：生理需求、安全需求、情感和归属的需求、尊重的需求以及自我实现的需求。人的低层次需求得到满足后，会进一步追求更高层次的需求。社会工作者鼓励服务对象利用特长为社区做志愿服务，融入社区生活，参与社区建设。服务对象报名参加了义务巡逻队志愿者，与其他巡逻志愿者一起，共同为小区的安全、稳定出力。社区每月一次的卫生死角大清扫，服务对象积极报名参加，还风趣地说："搞卫生，找我嘛，我可是专业的。"服务对象是种植花草的能手，现在成了"绿色使者"，社区办公室的绿化植物都由他义务维护。服务对象喜欢读书看报，社区工作者告诉他，社区的阅览室每天都开放，欢迎他来读书看报，他开心地连声说："好，好，太好了！"每次他来到社区，总是激动地说社区就是他最亲的亲人，生活在这个社区大家庭非常温暖，非常幸福。

服务对象不但感受到了社会的关怀和温暖，还在情感和自尊方面获得了满足，有效缓解了他的自卑和抑郁心态。通过参与社区的各种活动，服务对象的自身优势得到了充分发挥，这种社会参与使得服务对象重塑了自信，彻底改变了焦虑、抑郁的情绪，对生活充满了信心。

六、结案和评估

结案原因：服务对象的问题已经解决，工作目标已经达成。

通过帮助服务对象发现自身潜能，使其融入社区大家庭的生活，从而缓解情感上的孤独和寂寞，情绪上的焦虑和抑郁，重建认知，重塑自尊，同时也使服务对象获得了社会系统支持，并通过为社区居民志愿服务建立了自信。经济方面，服务对象不再依靠拾垃圾卖废品来攒积蓄，他找到了更好的方式——出租车库，缓解了他内心的经济压力；情绪方面，通过大学生志愿者的心理咨询服务以及参与丰富多彩的社区活动，服务对象的孤独感大大减轻，焦虑、抑郁的情绪逐渐被温暖、幸福的感受所替代；行为方面，在社区的劝说下，服务对象改掉了捡拾垃圾回家堆放的习惯，转变为种植绿化、参与社区建设，昔日的“垃圾王”，如今成了社区的“环保人”；问题解决方面，服务对象的基本生活得以保障，接通了自来水，用上了新冰箱，听上了收音机；自我认知方面，由开始的焦虑、抑郁、自卑，变得开朗、感恩、自信，自尊和自我实现得以满足。

七、案例反思

虽然本案对服务对象的服务取得了一定的效果，基本达到了预定的服务目标，但是社会工作者在服务过程中发现，服务对象的家庭支持系统非常薄弱，与亲妹妹的感情裂痕较大，心结尚未解开。要真正排解其内心的孤寂感，还是需要亲人的关怀和爱护，仅仅依靠社区工作者为其搭建的社会支持系统是不足以维持的。因此，社区工作者要鼓励服务对象多用宽容的眼光看待身边的人和事，多与亲人沟通，敞开心扉，化解心结，建立起有效的家庭支持系统，才能长效。

增强内在动力　改变无性婚姻

杭州市西湖区古荡街道华星社区　赵晓佳（社会工作师）

一、案例背景介绍

李女士，36岁，全职太太。结婚10年，儿子2岁，丈夫是企业中层，婆婆同住，帮带孩子。

原生家庭：李女士从小由高级知识分子的爷爷奶奶带，在上海住到8岁，爷爷死后，回东阳妈妈家，父母是爷爷包办婚姻，爸爸在新疆支边，父母一直分居。

初次面询：李女士较胖，穿着随意，她说自己有问题，缺乏毅力，没有责任心。

工作经历：2002年前做保险推销，月收入过万，忽然不想做，工作没交接就不去了。后开网店做得很好，忽然就不想干了，也不顾员工，亏了100多万元。

李女士说丈夫从不和自己吵架，都顺着自己，也没有外遇，年收入足够家用。婚后丈夫有轻微前列腺炎，不影响性功能，但性生活很少，李女士很不满。丈夫说他病了无法过性生活，但李女士发觉他有晨勃，功能没问题，丈夫也不愿意看心理医生。李女士丈夫每天只关注电脑，累得实在不行就倒头睡，她觉得是老公不愿意面对她，逃避她。好不容易有个儿子，很想好好带他，但是经常打他，不爱他。

二、案例预估

通过会谈了解服务对象基本状况，排除自杀及抑郁风险，预估后正式接案，就服务对象主要问题及需求进行分析。

一是情绪情感问题。服务对象对目前的生活状态十分不满，生气、委屈，尤其对婚姻的满意度很低，觉得不幸福，很苦恼。希望提供心理疏导，给予情绪支持。

二是希望夫妻性生活正常。服务对象希望恢复夫妻之间性生活，觉得自己对丈夫失去吸引力，生活品质下降。希望寻求改变的动力，改变目前的状况。

三是想减肥，让自己变得更好。因为生孩子身材变胖，自己又没有毅力减肥，希望提供心理支持，让自己能够更有毅力和责任心。

四是希望有自己的事业。现在是全职妈妈，不能出去工作，也没有让自己满意的工作，事业发展遇到困难，和社会脱节，理想与现实脱节。

五是家庭关系及亲子问题。和婆婆相处经常有矛盾，口角较多，婆婆不会做家务，却指责她没能力，不会做家务。丈夫很维护自己。和家庭亲戚较疏远，在料理家务、上进心、工作等方面不行，在养育孩子方面自认为不称职，没能力照顾好孩子。

六是人际关系问题。没有什么朋友，很难融入亲友的生活方式，亲友评价她不负责任，做事经常半途而废。自己也承认怕吃苦，好吃懒做，经常找借口，没有担当，也很害怕别人不相信自己。希望改变在家人心目中的形象，有良好的人际关系。

总体感觉：服务对象追求完美，希望达到更好的状态，但没有实际行动。服务对象自我价值感低，心理年龄较小，对自己的状态缺乏自我认识，无法对自己的行为和人生负责。

三、服务计划

（一）服务目标

提升自我价值感，改善人际关系，促进家庭和谐，提高婚姻满意度，完善社会功能，实现自我成长。

（二）服务策略

1. 定位为发展性咨询，以个人成长和发展为主。

2. 运用深层心理动力学，结合人本治疗、理性情绪疗法、焦点技术、意向分析、箱庭疗法等进行综合治疗。帮助宣泄情绪，自由表达，提高责任意识，通过增强心理能量、改变内在动力，重塑个人心理模式。

3. 鼓励开展社会公益，增强服务对象责任心和自我价值感。

（三）服务程序

每周一次面谈，预期 15—20 次（该问题已经持续多年，短期内不可能根本改变，适合中长期咨询）。

四、服务计划实施过程

第 1—3 次咨询：叙事治疗，倾听、共情，帮助服务对象更好地表达，宣泄情绪。运用焦点技术，明确责任，赋能给服务对象，让她明白自己的能力、资源及可以看见的远景。同时，运用对质和开放式提问，澄清服务对象内心需求。运用精神分析理论，了解其原生家庭对服务对象的影响。

咨询早期，服务对象随意迟到，无视自身责任。同时，社区工作者发现，该家庭的孩子作为发泄的出口，承担了过多的情绪，服务对象的丈夫在家庭中的作用很弱。

第 4—10 次咨询：服务对象反省自己在人际关系、家庭生活中的不足。对丈夫及亲友的工作、感情婚姻、养育孩子方面谈得较多，谈自己很少。在这个阶段有所突破，服务对象意识到自己与人相处的模式：总是“躲”在别人后面，不谈自己的真实感受。她讲述了自己的童年经历，从生活在上海的优越状态——学国际象棋、学游泳，到爷爷去世、父母亲离婚后自己回到老家可怜的状态，感受到了周围人很不一样的眼光。

服务对象说出了内心的恐惧：很怕别人看穿自己其实没有那么好，

自己很不想在一段关系中待很久，自己没常性没耐性没毅力，觉得自己不好，很想离婚，也想“逃跑”。社区工作者联系她工作中的两次“逃跑”，咨询有了突破，童年的创伤呈现了，强迫性重复的联系似乎出现了。

服务对象谈到15 岁时去新疆找爸爸。1 年后，爸爸送自己回来时摔伤，回老家时妈妈不让自己进门，只能再去找爸爸。爸爸摔伤后在床上躺了半年，后妈每天打她，虐待她，给她剃阴阳头，让她采棉花养活自己，和那些劳改犯罪的人住一起。她曾经苦苦趴在窗口求助爸爸，让他向后妈说几句好话，没用，爸爸也没有打电话叫人把她送回家，任后妈虐待她。她觉得最受伤害的事情就是在爸爸这里，似乎被爸爸妈妈抛弃了。后来千辛万苦回了老家，在街头流浪大半个月，住在人家屋檐下面，被当作盲流抓起来，妹妹开门她才进了家门。在那一段惨痛经历的描述中，服务对象似乎不敢流露对后妈、爸爸的恨和对妈妈的不满，也没有流泪。社区工作者发现她严重情感隔离，防御很重，不能表达自己真实情感，也许面对老公也不能或者不敢表达自己的感受与需要，安全感缺失严重。

服务对象提到自己今后肯定还要出去创业，但是自己要先调整不被关爱感和不善于管理的状况。她问社区工作者是不是自己感受不到痛苦，所以也感受不到爱。她在这个阶段呈现的创伤很多。在这个阶段还有一个变化是主动提起孩子，对孩子的关注明显增加。

在咨询的前半部分感觉她还是缺乏行动力，依赖性比较重，凡事都希望别人给她提供帮助。但是到后期，发现服务对象有了很多改变：不再迟到、干练的短发、艳丽的衣服，对孩子的关注增加了，面对孩子也变得温柔，谈论孩子的时候充满了母亲的自豪和满足。体重减轻，外观上变得漂亮了。觉得婆婆对自己尽管不那么客气，但是很真实很亲密。

第 11—15 次咨询：巩固疗效，促成突破，做好结案准备。

服务对象谈论自己对工作和事业的规划，思路清晰，与她在生活中给人随意懒散的状态非常不同。服务对象再一次主动表示要改变在亲友面前的形象，因为不熟悉的人都觉得自己很好，而熟悉的亲人觉得自己没有责任心，不信任，不愿意支持她做事情。

服务对象谈及了母亲对妹妹和对自己不同的态度，她感受不到妈妈的情感，自己对情感的感受能力也很差。讨论了婆婆在一定程度上满足了她对母爱的需求，在心理上的距离是很近的，没有太多的顾忌，双方的精神和心理都是比较放松和舒展的。

服务对象在一系列心理上的改变和外在形象的变化后，变得有担当，有责任心，更有吸引力了。我鼓励她与丈夫分享自己在此期间的改变，讨论两个人之间的关系。

某一天，服务对象的丈夫突然对她说“从今天开始我不再面对电脑了，我准备面对你了”，并和服务对象有了性生活。这是个重大突破。我与服务对象进行了讨论，她承认丈夫不过性生活与自己有关。因为自己对丈夫没有激情，只是在语言上埋怨他，并没有在情感上对他表现出需要，让他觉得自己并非真的需要他。服务对象对突然恢复性生活感到有些不适应，决定好好调整自己，在此期间和丈夫的关系变得更亲密，也感受到了丈夫对她的理解和爱意。

服务对象讨论了自己对于工作的打算和期盼，对自己想要的生活非常清晰，知道自己的优点缺点。对孩子的教育也有自己的心得，对儿子有很多满意的地方，在养育儿子的过程中呈现出非常温柔的一面，对儿子变得比较有感情了。

第 16 次咨询：结案。

预定的目标基本达到：服务对象与丈夫的相处模式变得更亲密，夫妻之间有了性生活，形象有改变，性格变柔和，人际关系也改善了，与人的相处更有责任心，能够比较真实地表达自己的想法。对工作有了想法，只是因为孩子还小，暂时不出去工作。

后期回访情况：服务对象和亲友之间的联系多了，经常一起出游，热心组织家族活动，交了几个比较要好的女性朋友，学习做菜和烘焙，带孩子的同时学习炒股票，和婆婆关系融洽；丈夫对婚姻很满意；孩子的语言、运动能力、安全感、信赖感等方面发展得也相当不错。

五、案例评估

（一）服务对象个人层面

1. 情绪情感问题得到了宣泄，变得平和、宽容。

2. 内在的心理动力发生了改变，表现为对事务积极主动、守时守信、责任心增强、心理能力增强。

3. 外在表现为发型、身材、服饰的改变，变瘦变漂亮了，也更吸引人了。

4. 人际关系上得到了改善，家人对她的进步表示赞许，和婆婆关系较好，对丈夫、儿子也有了更多正面的评价，新结交的朋友让她的生活变得更丰富，能力也拓展了。

5. 个人能力得到了提升，能够做简单的菜，学会烘培，学会炒股票，对社会现象的分析很深刻。

6. 自我价值感得到提升，在无条件的接纳、共情、欣赏、赋能等一系列心理互动中，服务对象最明显的变化是从不能接受一无是处的自己和糟糕的现实，到认识到自己还是很有价值的，对生活还是相当满意的。

7. 夫妻之间感情加深，恢复性生活，生活满意度提高了。

（二）外界评价

1. 家人对服务对象满意度提高，评价也较好。

2. 婆婆支持她来做咨询。

3. 家人和亲友不再认为她好吃懒做，没有责任心。

4. 参加小区公益劳动，社会融入感增强。

5. 社区工作人员觉得她变得好相处。

6. 亲友比较喜欢和她交往。

（三）社会工作者自评

1. 预期的各个目标基本达成。

2. 服务对象从外在表现到内在动力发生了很大的变化，实现了成长，增强了个人能力，社会功能也进一步完善，满意度有所提高。

3. 在整个过程中运用的多种心理学方法切实有效，前期预估与后期的深入基本无偏差，咨询效果明显。

流动人口未婚青年健康成长小组活动

德清县晨曦社会工作服务社　李红（社会工作师）

一、背景资料

小组名称："青春放飞"流动人口未婚青年成长小组。

小组周期：2013 年 1—8 月。

小组共聚会次数：6 个单元。

参加者人数：总人数约 50 人，每次参加人员有所变动，每次参加的人员数在 30 人左右。

参加者特征：组员为年龄 16—24 周岁的流动人口未婚青年，他们的性意识、性伦理观念更为开放，对婚前性行为的态度比较宽容，但对如何避孕、青春期保健、预防性病和艾滋病以及新居民相关政策等知识了解甚少。

社会背景：武康镇振兴社区流动人口 8356 人，其中 15—24 周岁未婚男女青年 1675 人。这个群体的文化程度不高，初中及以下的占 90%，职业技能水平较低，一般在密集型的服装加工企业和服务行业工作。70% 以上的人在 20 岁以前就谈恋爱并发生婚前性行为；15% 的人从未考虑过婚前性行为的不良后果；60% 的人初次性生活在 18—19 岁；90% 的人对性病和艾滋病的基本症状和危害性认识不清；80% 以上的人不了解德清县为流动人口未婚青年实施的各项优惠政策。2013 年，德清县计划生育协会联合武康镇计划生育协会，委托晨曦社工服务社，在流动人口集聚地振兴社区试点实施流动人口未婚青年青春健康教育项目。

二、需求评估基本概况

流动人口未婚青年的服务需求各式各样，社会工作者梳理汇总了这些组员的服务需求：一是想增长人际交往能力。他们每天要工作 10 小时以上，休息时间不多，人际交往机会较少，业余生活单调。二是想获取一些关于生殖健康知识和新居民优惠政策。平时工作忙或羞于开口，或不知去哪儿咨询，自己需要了就不知所措。三是想进行职业规划的学习。他们文化水平低、技能不高，对未来规划较模糊。

三、运用的基本理论

（一）社会学习理论

班杜拉的社会学习理论认为，人的行为、思想、情感反应方式不仅受直接经验影响，同时也在对他人行为的观察和评价中习得。有些流动人口未婚青年思想认知及行为上都有所偏差，在社会工作者正面强化和引导下，以及学习其他人积极健康的生活态度，可以习得并且巩固一些积极情绪和行为，从而在小组结束后组员也能够延续正面、积极的态度和行为。

（二）社会资本理论

当一个人的社会网络中具有强大的社会支持力量或众多社会资本时，就可以很好地面对一个又一个问题，提高自身的能力。在这个小组中，社会工作者协助组员构建一个新的社会支持网络，增加他们的社会资本，帮助他们更加充分地认识和利用身边的资源，面对困难、解决问题。

四、确定的工作模式

社会工作者确定了发展式模式为小组工作模式。发展式模式强调以人的发展为核心，既可以是求助性的，帮助一些缺乏信心或有社会适应问题者，培养他们的自信心，协助个人成长，从而适应社会变化；又可以是锦上添花的，为个人、群体和社区进一步发展提供空间和可能性。

五、介入过程分析

主要有五个阶段：前期准备、小组初期、小组中期、小组成熟期、小组后期。

（一）前期准备

1. 招募组员。起初，社会工作者通过在社区宣传阵地和企业内张贴和发放招募宣传通知，但收效甚微，几乎没有人主动来报名参加小组活动。为此，社会工作者精心制作基本信息及服务需求登记表，主动深入社区、企业、网吧、娱乐会所等地走访招募组员，社会工作者虽做了首次访谈的准备，但这些流动人口未婚青年根本不相信会有人主动帮助他们，招募组员一度陷入困境。事后社会工作者进行了反思，认为可能是社会工作者初次实践能力不足和未婚青年抗拒意识强等原因。为此，社会工作者改变了招募策略，分成两组再次走进企业、网吧和娱乐场所，先是跟这些场所的经营负责人进行访谈，详细跟他们介绍本项目实施的目的意义和活动内容。在一些企业主的支持下，社会工作者较为顺利地与一些组员进行了访谈，了解了他们的基本情况以及服务需求。社会工作者随着访谈次数和组员信任度的增加，招募组员的任务如期完成。在招募过程中，共对 51 名未婚青年进行了访谈，做了详细的记录。

2. 制订计划。小组的总目标是为流动人口未婚青年搭建一个互动交流的平台，通过小组工作向他们提供必要的资源支持和同伴经验的分享，进一步提高流动人口未婚青年自我保护和防御的能力，增强责任意识，树立科学的价值观和婚恋观。社会工作者制订的计划书里除目标、理论模式和预算等内容外，主要是围绕组员实际需求拟定小组活动内容，详细制订程序计划和日程。社会工作者共拟定了 6 次小组活动，时间跨度为半年，计划每月一次，活动内容包括相识篇、人际交往篇、健康教育篇和职业规划篇等。

（二）小组初期

主要目标：让组员之间彼此熟悉，建立初步的信任关系，并且大家共同确定小组的目标和规范。

社会工作者认为第一次聚会是小组的开始，组员是否能对小组有认同感，社会工作者是否能与组员建立良好的合作关系，第一次聚会在整个小组活动中是个关键。社会工作者以青年联谊会的形式拉开小组活动的序幕，3 月 31 日，32 名流动人口未婚青年前来参加主题为“放飞青春梦想，开启阳光人生”的青年联谊会，用气球彩带布置的温馨现场让组员们消除了一些羞涩和不安，女组员略施粉黛，男组员着装整齐，看得出他们对小组活动的期待，这也更让社会工作者有种压力。

为消除组员之间的生疏，活跃气氛，社会工作者开启了比较欢快的兔子舞音乐，鼓励组员一起随音乐律动跳起来，一起手拉手，围成圈，社会工作者带头领舞。开始很多组员站着看，在社会工作者的鼓舞和真诚的带动下，一场简单的“破冰”游戏就这样开始了。通过这个活动，小组“僵局”就被打破了，组员之间通过笑声拉近了距离，消除了顾虑。在“破冰”游戏过后，社会工作者向组员说明了小组的目的以及主要活动计划安排，并鼓励组员可以就活动计划提出意见建议，逐步加以完善，满足组员的需求。

随后的组员相互认识比较顺利，社会工作者引导组员两人一组相互认识，要求他们相互介绍，并把了解到的信息分享给其他人。在聚会上，社会工作者安排了体现团队合作的游戏环节，组员们相互配合，互相鼓励，通过这些活动，组员们之间的人际关系更加融洽了，社会工作者安排的奖品也使活动气氛更加活跃。

看到组员能积极参加小组活动，社会工作者适时提出让组员自行制定小组活动规则，组员们争相提议，最后达成共识：一是要准时参加各次小组活动，若因事不能参加，应先通知社会工作者；二是组员要坦诚、开放、相互尊重；三是要将组员的各类个人资料严格保密；四是在活动结束后，把所学到的信息传递给其他同龄人；五是团结合作，不评判别人的观点。最后社会工作者还让组员讨论决定小组名称，组员也一致认为“青春放飞”这个名称比较能体现小组的内涵，社会工作者鼓励组员建立并积极加入“青春放飞”QQ 群，使组员在网上网下都能自由交流，增进感情。

小组变化：一开始组员中认识的两三个一起扎堆聊天，在自我介绍和热身游戏之后，陌生组员之间多了一些交流，形成初步的团队结构。

技巧：一是一些组员发言时，社会工作者用关注、倾听的技巧，引导其他组员尊重发言的组员，并积极回应组员的提问。二是社会工作者鼓励一些内向羞怯的组员作一些简单发言，对他们的努力和尝试给予肯定，采取非批判态度。

（三）小组中期

主要目标：关注小组冲突，协调小组各种矛盾，稳定组员情绪，顺利度过危机期。

随着小组活动的深入开展，组员的沟通和互动得到了增强，组员之间却出现了一些冲突和矛盾，如次小组的产生，相近职业之间、老乡之间等有了小帮派，有些组员被孤立，小组凝聚力受到很大的影响。社会工作者看到这样情形后，用同理、诚恳和接纳的态度，稳定组员情绪，协调各方矛盾。一次小组活动中，社会工作者有意识分组进行“我的青春我做主”青春健康知识竞赛，并做“眼花缭乱”的游戏，要求体现出团队精神。一开始组员有所怨言，在社会工作者的引导下，这些组员相互合作，同心协力，圆满完成任务。社会工作者不时对组员的成功和良好的表现给予肯定，并奖励一份小礼品。

为巩固小组动力的形成，6 月 30 日晚上，社会工作者特意邀请了德清一中的心理老师杨再辉，举办主题为“人在旅途、活出尊严、活出精彩”的心理健康及职业规划讲座。活动现场，杨再辉老师与这些新居民未婚青年进行了互动交流，用他的感情和专业知识认真挖掘和分析了这些新居民青年身上的感人故事，指出他们外出工作生活的不易，肯定了他们对社会作出的贡献。组员们重新认识了小组的动力，小组也顺利度过了危机期。

小组变化：组员之间的感情进一步增强，组员之间虽出现了一些冲突和矛盾，但在社会工作者的引导下，组员能够正确认识到小组的动力，次小组现象逐渐消失，整体融洽度提升。

技巧：社会工作者扮演引导者角色，既尊重组员的意愿，又关注小组的变化，把握住小组整体凝聚力。

（四）小组成熟期

主要目标：进一步促进组员交流，巩固组员之间的相互合作意识，帮助梳理社会资源，增强小组凝聚力。

随着危机期的顺利渡过，如何促进小组成熟，增强小组的凝聚力，达到小组目标是关键。青春健康知识有一定的敏感性，男女青年都会因害羞而有所回避，但要求组员了解相关知识是小组的目标之一，为此社会工作者选择为组员开办一些小组活动，组员以参与互动的方式来了解相关知识。比如 2013 年 7 月中旬，社会工作者举办了一场主题为“舞动青春，唱响未来”K 歌庆生会，把组员分成几组，用竞猜抢答的形式回答相关知识，让他们现场演绎各类事件发生及处理方法。同时还专门发放男女有别的健康教育宣传读本，并让他们现场提问，能解答的当即给予答复，不能答复的社会工作者进行了详细记录，并承诺会给予回复和帮助。特别是社会工作者专门买了大蛋糕，为全体组员开庆生会，让组员非常动容。

小组变化：组员之间充分信任，组员在活动中主动性增强，相互合作的团队意识充分体现。

技巧：社会工作者扮演协助者角色，减少对小组的控制，让组员充分自决，如在游戏中依据组员意愿自主选择搭档或者是以何种方式进行竞赛等，激发组员的参与积极性。

（五）小组后期

主要目标：巩固小组工作成果，妥善处理组员离别情绪，帮助组员有成就感地离开小组。

8 月初，社会工作者准备了一场欢送总结会以结束小组。会前，社会工作者还特意安排了一场主题为“挥洒青春　梦圆德清”新居民青年快乐之旅活动，去余英坊的德清县公民道德馆参观，感受像陆松芳老人、草根设奖者等这些人的道德力量。在下渚湖湿地的游船内，社会工作者组织的计生知识有奖竞答更是掀起了活动的高潮，组员争先抢答，现场气氛非常活跃。

当天晚上的总结会，社会工作者通过 PPT 演示帮助组员回忆小组活动过程，看到每次小组活动中的难忘画面，组员们还是难掩伤感。社会工作者及时回应，充分肯定了组员在这一活动过程中的出色表现。随后的游戏环节放松了组员的离别情绪，纷纷把通过游戏获得的精美奖品互赠纪念。社会工作者也把 PPT 稿件放在“青春放飞”群共享里，组员可自行下载，留作纪念。社会工作者还为组员提供一些跟踪服务的资源，如梳理社区和政府相关资源提供参考。

小组变化：组员之间融合度很高，小组共同探讨出的东西对每个组员都有着一定的约束作用，会成为组员今后一些行为的指导。

技巧：一是正面强化组员的积极情绪、好的改变。二是引导组员以后在生活和工作中继续维持、巩固小组成员间的支持系统。

六、案例评估

社会工作者自评：社会工作者认为整个小组内容是符合组员的需求，基本实现了小组目标。运用了一些同理、接纳、倾听等工作技巧，收到了较好效果，小组活动过程设计较为合理，能基本完成每场小组活动，活动氛围活跃，组员之间有着良好的互动关系。

组员评估：通过个别访谈和问卷调查可以看出，组员对小组活动认可度较高，小组目标定位较实际，实现起来不难。通过社会工作者的引导，对健康教育知识、人际交往和职业规划等方面的知识有了较为全面的了解，自身能力也有所提升。

委托单位评估：委托单位专门对本次小组活动进行成效评估。他们查看了资料档案，听了社会工作者的工作汇报，与组员进行了面谈。认为社会工作者开展本次小组活动成效较明显，小组目标基本实现，组员将参加小组学习的知识通过同伴教育传递出去，扩大宣传面，表示今后还会继续通过购买服务形式开展类似的小组活动。

专家点评：高燕（浙江工商大学社工系副主任、副教授、博士）

本案例以“生殖健康教育”为目的，针对流动人口未婚青年举办“健康成长小组活动”。案例是“城市化”问题的具体呈现，小组策划详尽、内容丰富，具有代表性和创新性。

在“破冰”之后，缺少成员主动参与、策划的赋能体现。例如可以利用“优势视角”，将新二代青年流动的自身价值优势融入服务过程中。评估环节中以经验性的评估、满意度评估等为主，理论中的“社会资本”视角与最后的评估环节联系不是很紧密，可以再深入分析社会支持系统的建立与目标达成之间的关系。

开展弄堂文化建设　让邻里更和谐

嘉善县西塘镇西街社区　姚琴（助理社会工作师）

一、服务背景

古镇西塘素来以“桥多、弄多、廊棚多”三大特色著称。弄堂不仅是西塘的特色，更是西塘居民连接家庭与社区的桥梁，是邻里之间生活和情感交流的基本平台。多少年来，居民们穿梭在这些狭窄而悠长的弄堂里，度过了他们漫长的人生，并且创造了形形色色风情独具的弄堂文化。然而，随着一幢幢高楼拔地而起和网络时代的到来，往昔东家进、西家出，串门唠家常，孩子们在弄堂里滚铁环、捉帖子的情景已不再，邻里之间少了关切的问候、互动的活动，对营造和谐邻里氛围，创建和谐文明新型社区，深化嘉善平安建设带来了较大影响。

基于“彰显古镇特色，促进邻里和谐”的目标和社区的实际，我们期望通过开展此次弄堂文化建设活动，加强邻里互动与沟通，营造良好社区文化氛围，鼓励引导居民参与社区，从而提升社区居民的归属感，提高社区居民的温馨感。

二、需求分析

西街社区社会工作者在活动策划阶段，对该社区居民展开一次需求调查，影响社区和谐的问题主要是以下四个方面。

一是家庭和社区的联系不够密切；

二是社区居民邻里存在陌生感，缺少互动；

三是社区居民之间常因为一些小事容易发生误会，产生隔阂；

四是社区居民缺少凝聚力和归属感，各管自家事，缺少互助与合作。

三、目标与计划

（一）服务目标

1. 利用社区学校向居民宣传社区工作，召开座谈会，下发调查问卷，了解居民需求，让社区服务家庭，让家庭促进社区的和谐发展。

2. 为增进家庭内部的团结与和睦搭建一个平台，促进家庭和谐的同时，促进社区和谐。

3. 以家庭为单位，建立社区居民间互助与合作的模式，从而增加居民间的互动与沟通，消除陌生感。

4. 培养社区居民为社区服务的意识，增强社区居民的责任意识，社区归属感和凝聚力。

（二）服务计划

1. 介入的理论和方法。社区工作的模式是指按照一定的规律，把社区工作的各种要素进行科学的配置和组合，形成相对稳定的工作模型和样式，本次案例中涉及的是地区发展模式。

地区发展（或者说社区发展）指以整个地理社区，即地域性的社会生活实体为基础的经济、社会、文化等内容的发展。地区发展也可以指一种社会工作的介入方法，需要居民的参与、合作，利用社区资源、解决社区问题、满足社区需求，从而增强社区凝聚力和归属感的社会工作方法。

针对本案例中社区居民冷漠和疏离感等问题，运用该理论可以将实施策略主要集中在推动社区成员的交流和互动，改善沟通和合作的渠道，另外社区可以结合地区资源（物质资源和人力资源），从而改变现状。具体实施策略包括促进居民的个人发展、团结邻里、社区教育、提供服务和发展资源及社区参与。

2. 服务策略。西塘是一个生活着的千年古镇，弄堂是一大特色，也是人们每天生活的必经之路，为此开展以“弄堂文化”为特色的一系列社区活动，例如社区民间体育游戏活动比赛、邻里之间互帮互助活动、阳光母亲培训班、组建古镇巡逻小分队等，都能对促进邻里之间的交流、和谐社区的创建起到一定作用。

3. 服务内容：

项　目	内　容	目　的
召开居民座谈会	下发调查问卷，了解居民需求，做好社区居民的服务工作	提高社区居民参与社区建设的积极性
“绿色家庭”和“星级文明家庭”的评选	以创建省级“绿色社区”为契机，动员社区居民清洁弄堂和庭院，美化环境，为古镇多添绿	①增进社区居民对所在社区的责任意识；②增强居民对社区的归属感
阳光母亲培训班	邀请县妇联的芮红卫主席来到社区的妇女学校，为广大妇女授课	提升家庭中母亲的素养，奠定家庭教育基础
郊外野餐活动	组织社区居民到郊外开展野餐活动	①亲近大自然；②通过活动增进社区居民间的沟通与协作；③增加社区居民的凝聚力
弄堂文化家庭趣味运动会	以家庭为单位，比赛内容有双人跳绳、背媳妇、立定投篮、滚铁环等，有2人或2人以上比赛，需要家庭成员间配合默契，评出1—6名。运动会前发动居民踊跃报名参加	①提高家庭成员综合素质，丰富家庭文化生活；②增进家庭成员间的团结与和睦，交流与理解，为弄堂文化建设打下基础
社区才艺大比拼	组织社区居民参加绘画、剪纸、书法等才艺的大比拼	①增强居民的自信心，促进居民之间的和谐氛围；②帮助居民间相互了解
召开弄堂文化活动意见收集座谈会	认真听取居民意见，加强信息互动，搭建社区与居民之间沟通与交流的平台，提升社区管理服务水平	真正做到问需于民、服务于民、赋权于民，提升居民的主人翁意识

四、组织实施过程

（一）第一阶段：策划阶段（2012 年 5 月 1—6 日）

1. 目标：调查居民的基本需求，根据需求设计活动内容，并做好前期准备工作。

2. 主要工作：（1）调查社区居民的基本需求，并根据社区的实际情况和居民的需求策划行动方案、介入策略与工作方法；（2）调动社区各方面资源，例如志愿者资源、社区活动室等，联系活动场地、人员等。

3. 所面临的挑战和困难：（1）协调社区居民的需求和把握活动目的的过程中产生分歧；（2）由于社区资源分散，社区、居民等对服务认识度尚不深入，因此部分社区资源的调动整合方面仍有不足。

（二）第二阶段：宣传发动阶段（2012 年 5 月 7—14 日）

1. 目标：宣传、招募并邀请居民参与；开展清洁弄堂和庭院的活动，并评选社区“星级文明家庭”和“绿色家庭”。

2. 主要工作：（1）利用黑板报、宣传橱窗、发放宣传单的方式广泛宣传，招募并邀请居民参与；（2）以创建省级“绿色社区”为契机，动员社区居民清洁弄堂和庭院，美化环境，为古镇多添绿，对社区的“星级文明家庭”和“绿色家庭”进行评选；（3）筹集活动资金。

3. 所面临的挑战和困难：（1）活动开展在即，宣传时间有限；（2）社区各社会工作者都有自身的工作计划和工作任务，工作任务较重；（3）由于活动资金预算环节中对资金的预算没有到位，使得活动资金筹集方面碰到一些困难。

（三）第三阶段：具体行动实施阶段（2012 年 5 月 15—18 日）

1. 目标：通过开展一系列活动，营造和谐的邻里氛围。

2. 主要工作：分别开展阳光母亲培训班、郊外野餐、弄堂文化家庭趣味运动会、社区才艺大比拼等活动。

3. 所面临的挑战和困难：（1）参与活动的居民人数过多，给活动现场的组织带来了一定压力；（2）由于活动准备不充分，一定程度上影响了居民的才艺展示和活动的开展；（3）人手不足，分工未能完全到位，活动现场略显混乱。

（四）结束阶段（2012 年 5 月 19—21 日）

1. 目标：反馈与评估，召开弄堂文化总结表彰会。

2. 主要工作：（1）肯定并感谢社区居民和志愿者的参与，给予正面的积极的反馈；（2）对活动成效进行评估；（3）召开弄堂文化总结表彰会。

3. 所面临的挑战和困难：如何更全面地反映活动成效，并进行总结提炼，以在今后的工作开展中进行推广和深化，还值得社会工作者去推敲和深思。

五、成效与经验总结

（一）成效评估

1. 评估内容：（1）观察居民的参与度。（2）观察活动现场的气氛。（3）参与活动的居民的反响。（4）评估社区资源的利用程度。（5）评估居民对社区工作的了解。

2. 评估结果：（1）社区居民参与度高。报名参加此次弄堂文化建设活动的居民达 300 人次，活动也吸引了更多现场居民的踊跃参与，活动拉近了居民之间的距离。（2）活动现场气氛活跃。居民对活动的热情程度大大超出了社会工作者的预期。在运动会上，家庭成员之间、居民与居民之间发扬了团结协作的精神；在培训班上，妈妈们学会了如何处理家庭、工作的关系，如何更好地服务于家庭和社会；在野餐活动中，孩子和家长们一起动手，一起学做饭，体验着劳动的快乐，学会成长；在才艺大比拼中，社区居民纷纷拿出自己的得意作品，展示了自己的才艺，拉近了居民彼此的距离，使活动达到了高潮。（3）相关方对活动评价高。居民和共建单位都认为此次活动加强了沟通和交流，拉近了距离，还提供了一个让社区居民表现自我、展示自我的舞台。居民们通过活动消除了戒备，在活动中学会了互相帮助，关心他人，居民之间的心贴得更近了。（4）资源得到充分利用。整合了社区党总支、社区居委会和民间自由组合的力量，与周边的党校、城管队建立了合作关系，得到了他们的支持，使得社区活动有更充分的资源，增添了活动的饱和度。（5）活动提高社区工作知晓度。向居民宣传了社会工作、社区的具体服务，帮助居民更好地了解了社区的工作。（6）引导居民参与社区建设。居民参与到和谐社区建设的各项工作和活动中来，参与到自我管理、自我教育、自我服务的建设中来，不断推进社区发展，创造更美好的生活。

（二）经验总结

在开展本次活动中，社区社会工作者解决了所遇到的一些困难和挑战，并积累了一定的经验。

第一，社区的社会工作者往往是社区工作人员兼任，在组织开展本次社区活动的同时，还有各自繁重的工作任务，加上时间有限，没有充分的时间做宣传。

第二，面临社区有限的人力和财力，要充分挖掘社区各方资源。一方面，协调社区共建单位，争取更多的资金支持；另一方面，获取社区志愿者们的大力支持，整合社区党总支、社区居委会和民间自由组合的力量，与周边的党校、城管队建立了合作关系，从而扩大人力资源。

第三，居民参与社区活动的意愿不太强烈，社区应为居民自主意识的表达和基本权利的行使搭建一个平台，促进居民间的相互了解、沟通和交流，减少居民之间的陌生感、增加互动，提高了居民的社区归属感，整合了社区资源，增强了社区凝聚力。

六、问题与反思

营造和谐邻里的首要前提是人与人之间的情感交流、真诚交往、友好相处，但有的却鲜有交流，甚至同楼共住多年却不曾打过一个招呼。作为社区的社会工作者，在积极带领社区志愿者一起开展社区文化建设活动后，提高了楼道、弄堂居民团队合作意识，让左邻右舍热情地牵起了手，亲切友好的气氛浓郁了，生动活泼的局面出来了。在筹备活动时，工作人员按照活动前预估的服务效果进行了宣传和居民的招募，使活动取得了良好的效果。

另外，以下几个方面有待加强：加强专业知识的学习，社区活动策划、组织能力的锻炼。组织开展志愿者的培训和活动，加强与社区志愿者的合作意识和能力。增进社会工作者之间的经验分享与探讨，提升团队凝聚力与合作默契。鼓励引导社区居民参与社区建设，培养居民的主人翁意识。

专家点评：彭何芬（浙江工商大学社会工作系副教授）

“邻里”的重要在哪里？美国波士顿大学的教授彼得·伯杰和美国宗教与公共生活研究院的主席理查德·约翰·诺伊豪斯在他们合著的《赋权于民》这本书中谈道，“邻里”是一个连接公共生活和私人生活的中介机构。一个好的“邻里”建设，一方面可以使得我们社会的政治秩序更有道德基础和民主特征；另一方面可以使得私人生活更具稳定性，社会更有回家的感觉。所以，“邻里”建设应当是社区社会工作的重要议题。

本案例中的社区社会工作，选择了“地区发展模式”来开展邻里建设，是一个很好的方法选择，因为地区发展模式十分重视居民的社区参与。服务过程中以“弄堂文化”为概念来推动社区居民关系的连接和发展，将社区建设和西塘的本土文化结合起来，这是一种专业社会工作在地化的尝试，很值得推崇。

评估服务的内容和过程，我们发现服务在传统的社区大型活动和专业的社区社会工作之间摇摆。社会工作者逐步树立起以地区发展模式开展专业化服务的理念，比如积极发展居民参与、改善居民邻里关系以及提高居民社区意识等等，但是在具体的活动中如何落实这些理念，如何真正做到“赋权于民”，社会工作者显然还是缺乏这方面的专业训练和经验积累。所以，没有一个逐步“赋权于民”的过程，社区工作的结果就是活动越来越多，社会工作者越来越忙，资源越来越少。因此，通过检讨和反思，我们可以积累专业能力，社区社会工作者在开展工作中的重点不是组织活动，应该是培育社区资本。这也可以是“邻里”建设的下一个目标。

帮助丧偶下岗女工走出无助

杭州市上城区小营街道马市街社区　张丽（助理社会工作师）

一、背景资料

徐女士，45 岁，初中学历，育有一女，是一名下岗工人。3 个月前，丈夫因脑梗突然去世，让她不知该如何面对，经常失眠，精神恍惚。她认为女儿高考的失利，源于自己没什么文化和丈夫离世未能照顾好女儿，因此非常自责。各方面的压力使她无力面对自己的生活，对生活感到无望和焦虑。

二、主要问题

生理方面：徐女士因为无法面对丈夫的过世，经常失眠，饮食不佳，身体状况很差。

心理方面：不能很好地应对家庭的突然变故，心理上出现了偏差，有轻微厌世倾向。对女儿的高考失利有很大的负疚感。

家庭方面：与女儿没有就家庭事件沟通分享彼此的感受，家庭母女关系处于冷漠状态，关系紧张。

就业方面：由于徐女士是一名下岗工人，学历低，缺乏技能，失去了家庭的经济支柱后，对如何负担起自己和女儿将来的生活完全没有信心。

社会交往方面：徐女士作为一名下岗在家的家庭妇女，社交圈狭小，没有什么朋友，缺乏同辈群体的情感交流和生活经历的交往。

三、问题分析

根据徐女士的情况，社会工作者分析认为，首先要通过危机介入的方式，缓解她不良的生理状况，为她输入希望，消除她的厌世倾向。徐女士心理和家庭方面的问题是由于她没有很好地应对丈夫离世这一事件引起的，要给予徐女士足够的支持和鼓励，使其相信自己有能力在社会工作者的帮助下，自己能很好地应对这些情况，恢复良好的生活状态。就业和社会交往方面的问题可以通过社会支持网络的建立得到解决。

四、理论基础

（一）危机介入

危机介入的研究和应用最早始于 1943 年林德曼对美国波士顿火灾难民及死亡者家属的适应研究。在研究过程中，林德曼发现：每个人的生命历程中，一定会遇到他觉得危险的情况而产生情绪危机，并且每个人都需要一段时间去接受和适应这个情况。

危机介入是指对危机状态下的个人、家庭或团体提供一种短期治疗或者调适的过程。它是一种特殊的介入，目的在于去除服务对象的紧张情绪、恢复功能，帮助他们走出危机。危机介入的基本原则：一是及时处理；二是限定时间；三是输入希望；四是提供支持；五是恢复自尊；六是培养自主能力。

（二）社会支持理论

社会支持网络指的是一组个人之间的接触，通过这些接触，个人得以维持社会身份并且获得情绪支持、物质援助和服务、信息并与新的社会接触。以社会支持理论取向的社会工作，强调通过干预个人的社会网络来改变其在个人生活中的作用。特别对那些社会网络资源不足或者利用社会网络的能力不足的个体，社会工作者致力于给他们以必要的帮助，帮助他们扩大社会网络资源，提高其利用社会网络的能力。

五、服务计划

（一）目的

改变服务对象不良的生活状况，恢复她对生活的信心，帮助其学习应对生活中的困难，建立良好的社会支持网络，树立自信，增强能力，使其重新开始新的生活，找到生活的目标。

（二）目标

1. 通过危机介入，及时帮助服务对象处理丧亲问题，协助服务对象改变不良的生活，使其严重不良的生理状况得到改善，使其恢复对生活的希望。

2. 通过理性情绪治疗，帮助服务对象对自己情绪和行为进行理性的认知，减少其心理上的障碍，协助她改善母女关系。

3. 让服务对象相信自己是有潜能的，发挥自己的能力，使其恢复对生活的信心。

4. 帮助服务对象建立社会支持网络，帮其找到一份工作，为其与社区中的单亲妈妈建立交往平台，让她对生活重新燃起希望，重新努力生活。

（三）介入行动具体计划

1. 接案：本案是由社区向社会工作者求助的。社会工作者先与社区取得联系，了解徐女士当前的基本生活状况和心理状态，接着与徐女士进行会谈，帮助她释放自己的压力与情绪，与其建立良好的专业关系。

2. 通过危机介入，帮助徐女士处理丧亲事件引起的情绪问题，缓解她不良的生理状况，为其提供心理上的支持，使其恢复对生活的希望。

3. 利用理性情绪治疗方法，帮助徐女士对自己情绪和行为进行理性的认知，让她认识到她对生活的消极态度，不良的情绪反应以及和女儿的不良沟通都是由于她不理性的思维引起的，只要正确地认识自己的信念，就能使她心理上的障碍得到缓解，她与女儿的亲子关系也能得到改善。

4. 通过社区的帮助，为徐女士找到一份她能胜任的工作，使其经济负担得以减轻。通过介绍徐女士参加社区“单亲妈妈俱乐部”，为其建立同辈的社交网络，为其在情感上提供支持。

六、介入过程

第一阶段：社会工作者与徐女士进行第一次谈话，在交谈过程中，社会工作者主要让徐女士表达自己丈夫去世后这一段时间以来的感受，社会工作者积极倾听，表达对徐女士近况的关注，用语言、神情、动作等进行回应，并适时表达同理，使徐女士感到自己被尊重，自己的感受被重视，倾诉的愿望得到了激发。徐女士在与社会工作者谈话后，认为社会工作者能理解她的痛苦，态度非常诚恳，是真心愿意帮助自己走出困境，她表达了自己希望社会工作者帮助她的意愿。于是，社会工作者与徐女士达成了初步协议，建立了专业关系。

第二阶段：社会工作者与徐女士商量后续的个案工作步骤，共同决定首先要改变徐女士不良的生理状况。徐女士有严重的失眠情况，社会工作者建议她去医院看医生，配一些治疗失眠的药物，帮助她先改善这一状况。其次社会工作者与徐女士一起制定了健康的生活作息活动安排表。徐女士同意每天按照这一安排生活，经过两三周的时间，徐女士不再经常失眠，饮食运动有了规律，精神状态有了明显的好转。

在身体状况好转之后，社会工作者与徐女士分析她之前不良状况的原因——未能应对家庭变故的危机，从而感到茫然无措。于是，社会工作者采用危机介入法，帮助徐女士应对这一丧亲问题。在接下来的几次谈话中，社会工作者与徐女士一起回顾她失去丈夫后的心路历程，在此过程中，徐女士明白在每个人的生命历程中，一定会遇到一些突发事件，使人产生情绪危机，危机是正常的，而不是病态，并且每个人都需要一段时间去接受和适应这个情况，度过这个阶段，她就能恢复过来。她与社会工作者约定，自己会努力抛弃厌世的情绪，她愿意相信生活是有希望的。社会工作者也表示会给予徐女士最大的支持，同时也会为她寻求各种支持，帮助她更好地恢复生活。

第三阶段：徐女士能够比较坦然地面对丈夫离世的这一现实，不再表现出厌世情绪。但是，她觉得自己没有足够的能力很好地继续以后的生活，特别是自己没有照顾到女儿的感受、没有关心女儿的学业，导致女儿高考的失利，并逐渐与女儿的关系变得淡漠。

社会工作者与徐女士一同分析这些问题，其实这些都是由于徐女士非理性的信念造成的。社会工作者邀请了徐女士的女儿一起帮助她。徐女士的女儿向她表示自己高考失利主要的原因与她无关，是自己没有发挥好。父亲去世后，母亲的状态不好，自己不知道该怎么安慰母亲，不敢与母亲有太多的交流，怕她情绪失控，因此出现了与母亲关系淡漠的状态。至此，徐女士明白了是自己不理性的信念带给她不良情绪，影响了她与女儿的关系。之后，徐女士与女儿都表示今后有什么想法都会向对方倾诉，做好母女之间的沟通，努力建立良好的母女关系。

第四阶段：在之后的谈话中，徐女士向社会工作者表示了自己的困扰：自己是一名下岗家庭妇女，没有什么文化，今后的生活不知道该怎么继续。社会工作者在与徐女士的谈话中运用优势视角，使徐女士相信自己是有能力的。在谈话后，徐女士开始转变想法，她相信自己仍然年轻，具有劳动能力，一定能找到工作。社会工作者帮助徐女士向社区申请了管理社区图书室的工作，她也认为自己可以胜任，并且这一份收入使她感到生活有了目标。此外，还帮助徐女士建立起社会支持网络，邀请徐女士参加社区的“单亲妈妈俱乐部”。徐女士在俱乐部中结交了很多单亲妈妈，她们在俱乐部活动中，分享彼此的单亲生活，将自己生活中的困扰提出来，分享生活的经验，互相帮助，解决困难。徐女士对生活的信心更加强了，她相信在女儿和朋友的支持下，自己有信心能更好地生活。

七、服务评估

经过一段时间的个案工作，徐女士的精神状态转好，不再出现长期失眠的情况。经过危机介入她也能坦然接受丈夫的离世，对生活不再感到无望，不再有厌世的情绪。在社会工作者的帮助下，通过对自己思想方面的分析，徐女士认识到自己心理上的迷茫不安，与女儿关系的不良状态，都是由于自己对丈夫离世这一事件的不理智的认知引起的。经过理性思维方式的学习，徐女士能够较好地处理丈夫离世后自己情绪上的问题，开始积极地生活，同时也能与女儿进行良好的沟通了。在社会工作者的帮助下，徐女士在社区内找到了一份公益性岗位的工作，有了一定的收入。她还参加了社区内的“单亲妈妈俱乐部”，与其他的单亲妈妈分享自己的生活经历以及生活中的困扰，得到了同辈群体的支持和鼓励。她对自己的生活重拾了信心，相信自己有能力应对没有丈夫的生活，相信自己有能力与女儿一起创造自己美好的生活，对生活有了新的希望和憧憬。

八、个案反思

一是在与服务对象建立专业关系的阶段，专注地倾听服务对象，向其表示同感是非常重要的，是后续服务能否顺利介入的基础；二是个案服务对象若存在紧急的生存情况，需要先进行处理，采用危机介入的方法能及时有效地转变服务对象的紧张情绪，帮助其恢复功能，走出危机；三是面对服务对象各个方面存在的问题，应该运用综合的方法，从各种理论知识和方法中选取几种最好和最适当的理论加以综合运用，这比运用单一的理论更有利于帮助服务对象。

专家点评：杨艳东（浙江工业大学教授、社会保障与社会政策研究所副所长）

本案例中，社会工作者从五个角度对案主遇到的困境问题进行了全面的分析，把握了案主的实际需求，能够综合运用多种理论设计合理的工作方案，顺利实施行动计划，取得了满意的服务成效。本案例的特色在于交叉运用了心理治疗和社会工作两类方法，依据多种理论支持，把心理辅导和社会支持较好地结合起来为案主提供服务。

在综合理论视角应用中需要注意的是，理论的选取不宜过多、过散，否则会使方案设计陷入无所适从的庞杂体系，难以对各种方法的有效性作出清晰评估。此外，社区社会工作者还应注意单纯的心理治疗和社会工作案例的区别，在角色上和工作方法上凸显社会工作的专业性，而非仅仅扮演心理咨询师的角色。应当明确的是，社会工作师与案主的关系是伙伴式的助人关系，而心理咨询师与案主更近于医患关系。社会工作有不同于心理治疗的理论体系和方式方法，社会工作师在案例实施和经验总结中应立足于社会工作专业的视角。

花季护航——新二代居民自我保护能力建设小组

嘉兴市南湖区青鸟社会工作服务中心　曾鹏（社会工作师）
王锦杭　李梦玫（实习社工）

一、案例背景

小组名称：花季护航。

小组性质：新二代居民自我保护能力建设。

组员人数：32 名。

组员特征：新居民孩子缺乏自我保护意识，自我保护能力不足，且社会交流和社会支持不充分。

小组活动次数：4 次。

二、问题及资源分析

余新镇余新社区是余新镇拆迁户的集中安置社区，周边存在着大量的工厂和企业厂房，外来打工人员的密集集聚造成了余新社区“新居民”人数比例不断上升。虽然社区在新居民融入中做了大量的工作，也取得了大量的成绩，但社会工作者在走访中发现新居民的孩子却没有得到足够的重视。

问题一：缺乏社会支持系统，由于新二代居民属于迁移定居，因此与本地同龄人缺乏沟通和支持，用社区通俗的话来说就是玩不到一起。

问题二：对社区缺乏认同。由于地域差异和文化差异，新二代往往难以接受社区本身流传下来的文化习俗，因此也无法很好地融入社区。

问题三：由于余新社区人口成分复杂，路况较差，地形条件多样，存在很大的安全隐患。而新二代由于刚刚接触社区，因此对社区中的一些危险认识不足，遇到突发情况无法很好地进行自我保护。

优势分析：在这个社区里，大多数的新居民孩子生活背景相似、年龄相仿，容易构建起一个相互帮助的社会支持系统，更好地融入当地的生活。

基于以上问题和优势资源分析，社会工作者设计了开展小组活动，通过团队建设等形式让小组组员产生团队意识，解决新二代之间的人际关系支持系统问题，培养新二代自我保护意识，增强其自我保护能力。

三、理论基础

（一）系统功能理论

该理论认为所有有机体是一个完整的系统。小组作为一个系统，是由不同的互动因素所组成的。按照帕森斯的观点，小组是一个由许多相互依赖的组员组成的社会系统。社会工作者通过增强这个系统组员之间的交流，恰当地利用组员之间的相互关系，接纳、鼓励和支持将组员有效地团结起来，形成一个互相支持系统，既激发了人在小组中的学习积极性，又为小组结束后新的人际关系的构建创造了条件。

鉴于此小组组员较多且互相之间不熟悉的情况，我们以系统功能理论为基础，借助团队建设的社会工作手法将组员之间的人际关系支持系统构建起来。

（二）社会学习理论

社会学习理论着眼于观察学习和自我调节在引发人的行为中的作用，重视人的行为和环境的相互作用。班杜拉认为是探讨个人的认知、行为与环境因素三者及其交互作用对人类行为的影响。其主要的观点有以下四点。

1. 强调观察学习在人的行为获得中的作用。认为人的多数行为是通过观察别人的行为和行为的结果而学得的。依靠观察学习可以迅速掌握大量的行为模式。

2. 重视榜样的作用。获得什么样的行为以及行为的表现如何都有赖于榜样的作用。榜样是否具有魅力、是否拥有奖赏、榜样行为的复杂程度、榜样行为的结果和榜样与观察者的人际关系都将影响观察者的行为表现。

3. 强调自我调节的作用。人的行为不仅受外界行为结果的影响，而且更重要的是受自我引发的行为结果的影响，即自我调节的影响。自我调节主要是通过设立目标、自我评价，从而引发动机功能来调节行为的。

4. 主张奖励较高的自信心。一个人对自己应付各种情境能力的自信程度，在人的能动作用中起着重要作用。如果一个人对自己的能力有较高的预期，在面临困难时往往会勇往直前，愿意付出较大的努力，坚持较久的时间；如果一个人对自己的能力缺乏自信，往往会产生焦虑、不安和逃避行为。因此，改变人的回避行为，建立较高的自信心是十分必要的。

四、服务介入过程

（一）准备阶段

主要是招募小组成员，评估成员需求。非常多的新二代存在缺乏自我保护意识与知识，无法融入社区等问题。在招募环节，通过企业的宣传和社区的宣传吸引新二代的家长为孩子报名，同时与机构的夏令营活动结合起来，在公益活动中开展小组活动，在小组活动中渗入公益理念。经过一系列宣传与报名，最终在机构、社区、企业三方的合作下，成功招募到了 32 名自愿报名的小组成员。这对于开展小组活动人数明显偏多，但是考虑到拥有大量的义工资源，所有组员在先前的公益活动中具备了一定的组织性，同时提升自我保护是每一位新二代成员刻不容缓的问题。因此，最终我们将人数确定为 32 人。

（二）小组初期

大部分组员都比较陌生，这对建立良好的人际关系支持系统十分不利。在第一节小组活动中，社会工作者首先通过设计简单的互动游戏让彼此熟悉，加强团队建设。其次和小组组员共同制定了小组规则。之后，小组通过“破冰”游戏打破小组组员之间紧张、内敛的状态，让组员在游戏中将真实的自我表现出来，社会工作者发现组员的积极性有明显提高。随后，乘着“破冰”带来的欢快氛围，社会工作者安排组员来共同确定小组名称，小组组员以及小组口号等。在团队建设的过程中，社会工作者注重培养团队领袖并关注小组中较为沉默内敛的组员，及时调整介入的方式方法。

随着团队建设的结束，组员们分成了 4 个组，组员们共同互相监督，共同遵守着一同制定的规则，相比开始前的混乱与无序、拘束和内向，组员们更加愿意遵守纪律，并展现出了很强的团队意识。

在小组初期，主要的目标就是共同制定规则，或者是共同制定需要遵守的协议。社会工作者利用“大家来找碴儿”的游戏，将混乱无序和整齐有序的环境展现出来，引导小组组员自己来分享和制定属于自己的“课堂纪律”并给了每个小组监督的权力。在团队建设的环节中，社会工作者还运用引领技巧，将小组组员内心的团队精神激发出来，引领他们认同自己，同时对自己的小组产生认同感。

（三）小组中期

在小组中期，社会工作者首先与组员开展了一场交通安全知识和如何与陌生人搭讪的小技巧交流会。通过集中讲课和资料宣传发放让组员有初步的印象。其次，社会工作者设计了“纸上谈兵”小游戏，每组选择一名组员，将家里的方位定为起点，将社区办公楼（小组活动在社区居委会）定为终点，画出行进的路线图，然后回忆并画出路线上可能遇到的困难。最后通过小组组员的共同努力完成这张路线图。“纸上谈兵”的游戏作用主要有两个：第一是熟悉社区的路线，为组员融入社区和了解社区作了铺垫；第二是通过实际的操作模拟真实的环境，让课堂中学到的知识得以实际操作，让他们运用所学知识处理在现实中可能会遇到的困境。

在小组中期，一些原本对于社区完全不了解的组员通过小组活动对社区各个路段的地域分布有了一定的了解。在分享的环节中面对组员五花八门的问题，其他组员都抢着说出了正确答案。而在情景模拟中，每个小组都很好地演绎了如何在危险的情景下自我保护。更重要的是，这些点子和答案都是组员自己的智慧结晶，并且被记录了下来，成为他们成长过程中的一笔宝贵的财富。

在小组中期，强化是一个非常重要的环节。在学校也经常会开展安全教育和自我保护教育，但是孩子听过教条式的宣传口号之后没有真正记住或理解。小组活动中期，社会工作者主要的目标就在于强化，当一个组员表达出一种正确的技巧时，社会工作者就会及时给予鼓励。每当一种自我保护的技巧通过课堂的形式呈现完后，社会工作者都会设计出相应的活动来增强小组组员对这项技巧的记忆和操作能力。在小组中期最需要避免的就是单纯的填鸭式的教育，社会工作者在教授一个自我保护小技巧时首先进行的就是分享，让每位小组组员说出自己的经历。

小组后期主要的任务就是评估组员之间是否在自我保护的能力方面有所提高。通过题目考核，拟剧考核以及定向历奇来确定小组组员是否具备了基本的自我保护能力。首先，在进行题目评估的时候，社会工作者随机选取了四道题，需要小组组员之间共同解答的问题。从作业上交的情况来看，成绩还是非常不错的，每位组员都填出了正确答案，也对自己的一些亲身经历进行了分享。其次，在拟剧的表演上，现场一度有一些混乱。不过，随后社会工作者利用共同制定的规则约束住了混乱的各个小组组员。最终，每个组都将抽签抽到的情景模拟内容表演了出来，同时也将自己的亲身经历融入其中。

最后一个环节是定向历奇。社会工作者首先对历奇的路线进行了选择，通过筛选确定了一条安全性高，路况复杂但不危险的路线。在历奇中，小组组员了解到了社区的风土民情，也通过穿越交通交叉口，穿越交通要道等实践了自我保护的课堂知识。最终到达目的地的那一刻，相信对每名组员来说都是难忘和充满成就感的。

评估是小组活动最重要的环节。通常而言社会工作者对小组工作进行评估采取的是问卷调查或者其他更加严谨的形式，但是考虑到小组成员的年龄与这一时期的性格特点，社会工作者选择了更加活泼的方式进行评估——定向历奇。通过义工的陪同观察，对每一位小组成员自我保护知识的实践运用进行评价。

五、绩效评估与反思

（一）目标达成分析

1. 总目标。此次小组活动的目标主要有三个，相互之间存在着递进的关系。一是建立新二代之间的人际关系支持系统。二是帮助新二代更好地融入社区，习惯社区生活。三是激发个人潜能，提高自我保护能力。

2. 阶段目标。改善组员情绪，使小组组员能够相互信任，相互接纳。尊重彼此，提供情感支持，构建人际关系支持系统。通过课堂授课、小组交流、“纸上谈兵”游戏、情景模拟和定向历奇等循序渐进的环节，让组员们提升自我保护的能力。

（二）服务对象成长分析

组员 A，性格十分内向，在参加活动的当天上午曾经因为怕生哭过好几次。加入小组活动后，在团建中开始融入集体，对于小组内的活动也表现出积极性，并且再也没有因为怕生而哭泣。在最后的定向历奇中，成为小组领路的核心人物。

组员 B，在参加活动前就是一个非常活泼的男生，但是喜欢打架，因此周围没有小朋友愿意和他一同玩耍。在参加小组后，虽然他也常常表现出想打人的倾向，但是社会工作者利用老师的批评，并利用同理心的方式，成功说服他首先学会每天少打人，再学会每天不打人，最后每天少生气。

组员 D，因为从四川老家来到嘉兴时年龄已经较大了，因此已经很难融入本地的同龄群体当中去。在小组中，我们发现其实 D 非常具有领袖的气质和能力，因此在小组活动中，在社会工作者的引导下，他开始承担一些小组领袖的责任。在小组结束后，他的组员都纷纷和他交换了电话和地址，成功为他构建了一个全新的人际关系支持系统。

全部组员情况，在经历了四节小组活动之后，每名组员都在小组中或者大家庭中找到了属于自己的小伙伴。同时在定向历奇的环节中也能够认识到现在居住社区的风土民情。而通过题目评估、情景模拟和定向历奇也证明了小组组员的自我保护能力和自我保护技巧的运用能力有了很大的提高。

（三）自我成长和反思

第一次开展新居民孩子能力建设小组活动，社会工作者自身需要有较扎实的社会工作理论基础和较强的实践能力。在进行团队建设的时候，完整详细的活动计划非常重要，虽然游戏现场有时会有些混乱，但是严格按照计划循序渐进地进行下去就会发现一切都在自己的把握之中，这种能够控制住场面的感觉非常好。在最初的设计中，社会工作者本来采取的是简单的问卷评估，但是考虑到小组的主要目标是自我保护能力的建设。后来又设计了循序渐进的“纸上谈兵”、情景模拟和定向历奇。当小组组员完成这一系列的活动后，所收获的不仅仅是实际的历练，还有对社区的了解，以及内心获得巨大的自信和喜悦。

专家点评：彭何芬（浙江工商大学社会工作系副教授）

在一个城市社区里，外来的新居民是特殊群体，新居民的孩子是特殊群体中的特殊群体，这个服务项目关注了孩子们的存在和需求，是十分符合社会工作关怀困难群体的专业价值和信念。

这个服务项目的方法很有意思。小组工作的规模虽然从理论上说2—50人都是可以的，但是我们都知道5人的小组最适合讨论，8人的小组最适合完成任务，而超过了25人的小组关系的紧密性会明显下降，所以，一般我们开展小组工作，人数多一些的时候也就在10人左右。本服务项目是一个32人的小组工作，单从规模上来说是偏大了。但是，如果结合它的服务内容来看，这就不仅仅是一个小组工作，而是一个以小组工作方法和形式开展的社区工作，而且从评估结果来看也是颇有成效的。这种服务在社区资源比如资金、工作人员和专业能力等有限的情况下，可以使得资源的利用最大化，让更多的有需要的人享受到服务，这是有益的方面。

但是，如果从小组工作的角度评估该服务项目，还存在一些可以反思的地方。小组工作的招募环节没有得到足够的重视，32 个孩子是怎么召集过来的，是不是整个社区的孩子都有公平的机会，没有介绍。4 次活动是怎么分解为小组初期、中期和结束期的，缺乏对应；小组中既有 8 岁的小孩，也有 15 岁的小孩，而他们在一起开展小组工作，这显然挑战了小组工作中对小组成员有同质性的要求，这必然会给小组工作和小组成员的成长带来困境。

夕阳无限好　学习真快乐

嘉兴市南湖区嘉北街道阳光社区　沈逸君（社会工作师）

一、案例概况

本案例主要关注社区内由农民转变为居民的老年人群体。之前在同村或邻村生活的他们彼此熟识，稳定的退休收入，身体尚可，平日里除了买菜烧饭，就是搬个小凳在树荫下聊天或者靠在家看电视打发时间，晚年生活简单枯燥。为此，社会工作者希望运用专业的小组工作理念，结合社区老年人的需求，为他们的晚年生活注入新鲜血液和活力，使他们在老有所学、学有所用的氛围中，尽享夕阳无限美好。

二、案例背景

据统计，目前阳光社区有常住人口 6944 人，其中 60 周岁以上的老人 652 人，70 周岁以上的老人 302 人，分别占常住人口的 9.3% 和 4.3%。在所有老龄人口中 80% 的老人都是经拆迁后由农民转变为居民。在平日里，子女们上班，孙辈们上学，老人们白天就这样被“剩”在了家里。和很多拆迁社区一样，阳光社区的老年居民还面临着一个具有时代特性的问题：小时候没机会上学，不识字，以前在农村种种地养养牲畜，也没碰到什么大问题，可来到城市后，超市商品标签、公交站牌、路牌、告示等，都困扰着不识字的他们。没有文化基础的自卑感，使很多老人只愿在自己狭窄的“小团体”中重复着简单枯燥的晚年生活。

作为已经成立 12 年之久的阳光社区，社区干部在老百姓尤其是老年人心目中有很高的信任度，这些年社区干部又陆续通过社会工作者职业水平考试，成为全体持证的专业社会工作者，这也为该服务项目的顺利开展打下坚实基础。

三、需求分析

需求一：自我实现的需求。对于退出工作岗位的老人来说，他们依然希望为社会做一些力所能及的事情，以此实现自我价值。在调查与走访中我们发现，由农民转为居民的老人虽然没有文化基础和一技之长，但他们却有着强烈的学习需求，希望能有一个识字班教他们认几个常用字，学点保健知识，在老有所学中体现自我价值。

需求二：归属与爱的需求。老年人对爱的需求是非常强烈的，他们需要家庭的温暖，子女的孝顺，希望享受天伦之乐。在前期走访中我们发现，很多老人白天除了为家人的起居饮食忙碌，就是看看电视，拉个家常。同时，和子女同住所产生的包括婆媳矛盾、孙辈教育意见分歧等问题也时有发生。他们需要积极的引导去改变传统的与子女、媳婿以及孙辈相处方式，同时收获更多的理解与关爱。

四、服务计划

社会工作者在计划实施之初，与服务对象进行过全面的沟通，通过问卷调查和入户走访面谈相结合的方式，详细了解了每个老人的具体信息，包括文化基础、精神需求、家庭生活环境等，从而找到了他们之间的共性，比如文化水平不高，晚年生活内容单一，和子女同住并承担着孙辈教育的重任等，基于这些共同点，社会工作者可以有针对性地策划出最适合老人们参与的小组活动内容。

此次老年教育小组的服务对象为60周岁以上，平均年龄65岁的20位老人。其中，文化水平最高的2人为初中毕业，5人小学毕业，其余13人为文盲或半文盲。20位服务对象精神正常，身体状况良好，在主观上有参与小组活动的意愿。他们对晚年生活有所期待，希望能掌握常用的汉字以方便出行，也都期待家庭生活能更加和谐。

以下为社区老年教育小组活动计划书。

小组名称：夕阳无限好　学习真快乐。

小组理念：符号互动理论。

符号互动理论又称相互作用理论，该理论认为，人们是在他们的社会环境中、在与他人交往中获得自我概念的。换句话说，人们是根据他人对自己的评判、态度来思考自身的。比如说，老人每天听到的广播、看到的电视、外出购物所目睹的一切都把老人描绘得老朽、无用，那么就会使老人对自己产生否定性的认识。反之，如果周围的信息能带给老年人积极的影响，则会提升他们的价值感，让他们觉得自己依旧老有所为。

小组目标：以教育小组活动的形式，增加老年人的基础文化知识，增强老年人适应社会变化的能力，提升与人交往的能力，构建和谐的家庭（社区）人际关系。

小组性质：开放式互动小组。

小组活动次数：10 次。

小组活动时间：2012 年 7 月 5 日至 2012 年 9 月 6 日。

每周四下午 2：30—3：30。

每节活动计划

第一节：7 月 5 日下午 2：30—3：30。

主要内容：相互熟识　明确目标规范。

活动地点：阳光社区老年活动室。

个别活动时间	目标	内容	所需物资
1. 15 分钟	促进社会工作者和组员以及组员之间的互相了解	社会工作者和组员进行自我介绍	
2. 15 分钟	“破冰”游戏——促进组员认识，帮助他们了解和掌握此小组活动的意义	“名字串串烧”玩法：将老人的名字一个叠加一个，依次排开。一方面锻炼老人的记忆力，另一方面增强老人互相之间的了解 社会工作者介绍小组的目的	

续表

个别活动时间	目标	内容	所需物资
3. 20 分钟	让老人对小组活动产生兴趣	小游戏“趣味表演”玩法：每位老人抽取一张小卡片，然后将卡片上的词语运用肢体语言表演出来，由其他老人来猜出表演的事物	卡片 20 张
4. 10 分钟	强调小组内部秩序和规则	让组员一起讨论并订立小组规范。同时澄清小组应有的秩序	大展板 1 个 画纸 1 张 画笔 1 支

第二节：7 月 12 日下午 2：30—3：30。

主要内容：增进彼此了解　活跃小组氛围。

活动地点：阳光社区老年活动室。

个别活动时间	目标	内容	所需物资
1. 10 分钟	让老人明白小组目的，重温小组内容	由社会工作者指出上一次小组工作中所出现的不足和优点	
2. 30 分钟	社会工作者联系义工，提供机会让老人合作，增强默契	小游戏“心声话你说”玩法：每人获得心声卡一张，填上个人愿望之后交给社会工作者，由社会工作者记下号码后将纸分派给其他组员，由他们朗诵出来，最后社会工作者将纸条还给原主，并安排他们分享自己的感受	心声卡 20 份 笔 20 支 义工
3. 20 分钟	社会工作者联系义工，表演节目，活跃气氛	义工和老人联合表演节目，活跃小组氛围	义工

第三节：7月19日下午2：30—3：30。

主要内容：用通俗易懂的象形认字法教会老人认一些简单常用的字。

活动地点：阳光社区老年活动室。

个别活动时间	目标	内容	所需物资
1. 10分钟	通过社会工作者介绍最新一周的国内外大事，让老人了解社会和国家的最新动态	由社会工作者在各大媒体、网络、报纸上摘抄重要的、老人感兴趣的新闻，让老人讨论，引起共鸣	纸1张
2. 10分钟	锻炼老人的身体活动能力，提高身体素质	由社会工作者引导并教给老人简单的手指操，提高老人身体素质	
3. 35分钟	通过通俗易懂的形象认字方法教会老人认一些简单的常用字	课堂上，社会工作者用“在田里用气力干活”帮助大家记忆“男”字，用“风”字多一笔帮大家记忆名字中常用的“凤”字，用白小姐和王先生在石头上谈恋爱记忆“碧”字，又用王小姐和白先生结婚成家顺带记忆了“凰”字；用“大”字可以分别带出“天”、“夫”、“太”、“犬”的书写记忆。象形记忆法让老人们在课堂上找到学习的乐趣	黑板一块 粉笔若干
4. 5分钟	总结小组活动内容	社会工作者总结小组活动内容，强调小组活动理念以及注意事项。强调保健理念	

第四节：7 月 26 日下午 2：30—3：30。

主要内容：学会分辨超市价目表上的小数点。

活动地点：阳光社区老年活动室。

个别活动时间	目标	内容	所需物资
1. 15 分钟	学会用肢体语言更好地表达自己，增加老人之间的互动关系	游戏“一个比画一个猜”玩法：小组所有成员一次随机抽取卡片，用肢体表达自己卡片上的词语，由大家猜猜他表达的是什么	卡片
2. 10 分钟	由社会工作者带领老人复述上节小组活动的内容	复习上节小组活动教会大家的字，温故知新	
3. 25 分钟	学会分辨超市价目牌上的小数点	超市标签牌上的数字一旦出现小数点，很多老人就不会看价钱到底是多少，这让他们在购物的过程当中颇感不便和尴尬。于是，用小数点后面第一位是“角”、前一位是“元”的方式，通过反复练习，教会了所有学员认价目牌，大家都觉得非常受用	黑板一块 粉笔若干
4. 10 分钟	分享健康小常识	由社会工作者分享健康小常识，注意日常生活中的养生小细节，丰富健康知识	

第五节：8 月 2 日下午 2：30—3：30。

主要内容：婆媳（公媳）相处之道。

活动地点：阳光社区老年活动室。

个别活动时间	目标	内容	所需物资
1. 30 分钟	建立良好的婆媳（公媳）相处关系	通过通俗易懂的典型事例，为社区老人讲述婆媳（公媳）相处之道	黑板、粉笔、事例资料
2. 15 分钟	在问答互动中，解答大家提出的问题	社会工作者带动老人，分享他们遇到过的婆媳（公媳）矛盾，并各自提出处理办法	
3. 15 分钟	巩固之前所学内容	情景模拟：社会工作者出案例，由老人通过情景再现表演，做到温故知新	

第六节：8 月 9 日下午 2：30—3：30。

主要内容：孙辈教育有新意。

活动地点：阳光社区老年活动室。

个别活动时间	目标	内容	所需物资
1. 20 分钟	共同回顾近来所学	组员分享（通过问答形式开展，内容包括之前每堂课所学）	黑板、粉笔
2. 30 分钟	营造良好的孙辈教育氛围	几乎所有学员都承担着孙辈教育的重任，孙辈教育不仅关系到孩子未来的成长，同时也关系到整个家庭的和睦，还和前一堂课的婆媳（公媳）相处之道息息相关。通过常见典型案例的分享，为老人梳理孙辈教育的重点和需要注意的事项	典型案例收集

续表

个别活动时间	目标	内容	所需物资
3. 10 分钟	巩固之前所学内容	情景模拟：社会工作者出案例，由老人通过情景再现表演，做到温故知新	

第七节：8 月 16 日下午 2：30—3：30。

主要内容：防骗技巧大揭秘。

活动地点：阳光社区老年活动室。

个别活动时间	目标	内容	所需物资
1. 5 分钟	暖身，调动组员情绪	保健操：花朵舞	录音机
2. 25 分钟	帮助服务对象建立起能辨别和预防经济类诈骗（水电欠费、社保等）的能力	案例分享、辨别技巧传递	网上查找一些针对老年人的典型诈骗案例进行分享
3. 10 分钟	了解老年人所知道的一些诈骗案例	由老年人来讲述看到的或者听到的事情	
4. 10 分钟	通过情景演绎加强辨别技巧	由一名工作员和老人主动搭讪情景模拟	工作员要准备充分，要逼真扮演专业的诈骗者角色，不能露怯，不能说几句没话了
5. 10 分钟	巩固老年人防骗意识	做小问卷	问卷 20 份 笔 20 支

第八节：8 月 23 日下午 2：30—3：30。

主要内容：传递幸福理念　学会快乐生活。

活动地点：阳光社区老年活动室。

个别活动时间	目标	内容	所需物资
1. 5 分钟	锻炼老人的身体活动能力，提高身体素质	由社会工作者引导并教给老人简单的手指操和五行健康操。活跃气氛	录音机
2. 10 分钟	由社会工作者带领老人复述上节小组活动的内容	复习小组中之前所学内容。温故知新，巩固学习成果	
3. 25 分钟	学会如何通过自我调节在对比中产生幸福感，不断挖掘自身潜力和晚年生活的乐趣	社会工作者带老人一起学习心理、生理的健康生活理念	黑板、粉笔、老人身心健康相关书籍资料
4. 20 分钟	在经验分享中相互学习	由老人们各自分享目前觉得有效的晚年生活理念和方式，再探讨相互借鉴、彼此学习	

第九节：8 月 30 日下午 2：30—3：30。

主要内容：社区老人很新潮　网络用语学起来。

活动地点：阳光社区老年活动室。

个别活动时间	目标	内容	所需物资
1. 5 分钟	暖身活动 调动组员情绪	保健操：花朵舞	录音机
2. 10 分钟	由社会工作者带领老人复述上节小组活动的内容	复习小组活动的以前的内容。温故知新，巩固学习成果	

续表

个别活动时间	目标	内容	所需物资
3. 30 分钟	学习网络用语，紧跟社会发展	网络词汇里面蕴含着很多有意思的语法延伸，学起来简单又好记，在此次学习小组活动中，社会工作者特别为他们准备了一课“网络用语大家学”，教老人们学一些新颖的词语。比如“给力”表示有作用和带劲，“蚁族”是大学毕业生低收入聚居群体的代名词，而像“神马都是浮云”则是“什么都不值得一提”的意思。对词语进行解释的同时，讲述每一个网络用语的来源	黑板、粉笔、网络用语相关资料
4. 15 分钟	学习感受分享	社会工作者带动老人一起分享学过网络用语后的内心体会，比如是不是觉得自己更年轻了，是否觉得紧跟时代步伐了	

第十节：9 月 6 日下午 2：30—3：35。

主要内容：总结小组活动　联欢结束学习。

活动地点：阳光社区老年活动室。

个别活动时间	目标	内容	所需物资
1. 10 分钟	疏导老人离别情绪	通知老人小组活动即将结束，告知他们这样的活动还会继续	

续表

个别活动时间	目标	内容	所需物资
2. 10 分钟	重温小组学习内容	社会工作者引导老人总结分享历次小组活动的内容	卡纸 20 张 颜色笔 20 支
3. 10 分钟	经验感受分享	请组员分享参与小组的体会，了解老人对这段时间小组活动的感受	
4. 10 分钟	评估小组成效	做简单的问卷填写	问卷 20 份 笔 20 支
5. 25 分钟	在欢快氛围中结束此次小组活动	社会工作者与老人一起举办一个小型的联欢会。并为老人分发礼品	纸杯 20 份 食物若干 小食品若干 礼品 20 份

五、计划实施过程

（一）前期准备

本案例中的社会工作者有一大优势，就是同时身为社区干部的他们，在长期的社区服务中，已经与服务对象彼此熟识，由此大大缩短了前期准备和招募人员的时间。

在前期准备工作中，老年社会工作者共进行了两个方面的工作，一方面是招募小组成员，对服务对象进行预估和需求评估；另一方面则是制订符合小组成员实际情况的计划书。经过半个月的工作，小组前期准备工作顺利完成。

（二）小组初期

小组活动初期，社会工作者与服务对象进行了较为初级的互动。因为社会工作者与服务对象之间比较熟悉，因此非常有利于小组活动的进一步开展。同时，组员对小组表现得相对比较信任，未出现抗拒状况，社会工作者在协助组员相互认识之后，很快通过一系列互动，打开了局面。

同时，社会工作者积极发现和培养小组领袖，并带领小组向成熟阶段过渡。组员开始在小组中找到自己的位置，但小组领袖的地位尚未巩固。

（三）小组中期

小组中期分为两个方面，即小组重整和归纳。在社会工作者的积极引导下，小组成员逐渐过渡到相互信任的良好状态，彼此坦诚交谈，归属感增强。此阶段小组内小组领袖地位确定，规范被大家接受并遵守。

（四）小组后期

当第 9 次活动结束的时候，社会工作者已经告诉小组成员活动接近尾声，同时带领大家就前几次活动进行回顾，引导小组成员反思自己的收获和变化，鼓励大家表达参与小组活动之后的感受和变化。

六、专业评估

（一）评估方法

1. 在小组开始前和小组最后一次活动时，组员们被安排完成同一份问卷，以比较他们在参加小组前后思想与行为上的变化。
2. 小组过程中，各游戏和活动环节中的经验分享和感受分享。
3. 社会工作者在小组进行时的观察和分析。
4. 从出席率以及参与、投入程度评估。

（二）评估结论

经过了 10 次小组活动，服务对象在基础知识和价值观念上有了一定的增进和改善。根据社会工作者的调查和统计，服务对象的汉字基础有了一定程度提升，家庭关系中较为敏感的婆媳（公媳）关系变得融洽和谐，在孙辈教育过程中更加理性，对于诈骗信息（电话）的警惕程度明显提升。小组活动之前与之后，服务对象随着所学知识的增加，自信心有了明显提升，开始走进社区文体团队，丰富自己的晚年生活。

七、专业反思

基于老年人的生理、心理特点不同于其他人群，老年小组工作的活动设计以及技巧运用必须注意以下几点。

第一，小组活动正式开始之前，社会工作者应充分了解参加小组的老年人的需要、期望以及兴趣，在接纳老人的态度和行为的前提下，以老人需求为小组活动开展的主要出发点。

第二，每次小组活动中，社会工作者都要善用启发的方式协助老年人把参与活动的感受表述出来，并把这些体会与小组宗旨联系起来，以便随时了解小组活动进程中老人变化，加速老年人对小组的认同，以及对小组的信任。

第三，对老年人要多用称赞技巧，以鼓励他们的自信心和参与小组的积极性。要让老人在学习小组中体会到老有所学的快乐，以此带动他们在学习中展现出各自特长和夕阳风采。

专家点评：马良（浙江工商大学社会工作系主任、教授）

沈逸君选择了一个很有挑战性的服务群体。我感觉“农转居”群体老年人是城市化进程中“人的城市化”中最难的群体。通过一系列的小组活动来改善这些老年人的生活质量非常有必要。

这个小组活动对“农转居”老年居民的现实需求进行了很好的评估。针对这种需求，运用米德的符号互动理论，把文化和心理的因素导入到小组过程中来，在理论上具有适切性。针对“农转居”老年人面临的现实困境和现实需求，例如识字需求，处理婆媳（公媳）关系，隔代教养需求，防止日常诈骗，学习网络用语等，开展相应的小组活动。

当然，如果从专业的要求上看，这个案例还是有一定的不足之处。第一，符号互动理论没有贯彻案例的始终，无论是在评估“农转居”

老人的需求还是在具体 10 次活动的设计上，或者小组成效评估上，基本上都没有用到符号互动理论来作指引。整个干预中经验性特征比较明显，专业性特征有待加强。第二，老年人的需求很多，小组活动的设计目标有点高远，整个干预过程热点很多，但是深度不足，10 节活动之间还缺乏层层展开的连贯性。小组工作还可以聚焦到某个问题。第三，一个小组不可能解决“农转居”老年人所有问题，在小组中还可以注重小组领袖的培养和小组成员的互动，即使活动结束了，这些老年人的相互支持系统还具有可持续性。

让“失独”不失爱

杭州市上城区紫阳街道彩霞岭社区　葛云燕（社会工作师）

一、案例背景

社区张阿姨（化名），企业退休人员，现年 64 岁。早年离异，一个人辛辛苦苦把儿子小李（化名）拉扯大。儿子 28 岁就成为一家大企业的业务主管，这是让张阿姨最感欣慰和骄傲的。可是天不怜人，2012 年 11 月，小李在单位体检时发现患有淋巴癌晚期。母子俩四处寻医，将家中积蓄全部用完，又向亲戚朋友借了几万元。2013 年 2 月 15 日病魔夺走了年轻的生命。这样的结果，让张阿姨整个人崩溃了，开朗的她变得沉默寡言，整天把自己一个人关在家里。她失去了继续生活下去的勇气和信心，甚至产生了到另一个世界与儿子重新团聚的念头。

2013 年 2 月 26 日，在办理完丧事后，张阿姨的妹妹主动找到社区寻求帮助。

二、案例分析

通过对张阿姨个人资料的梳理和对亲戚、邻居、朋友的访谈中，了解到张阿姨面临的困难和问题主要有以下几点。

（一）个人问题

身体方面：患有多种慢性疾病，儿子英年早逝的打击，更容易加重病情。基本生活质量降到了最低值，情绪消极很严重。

精神方面：精神支柱垮掉，甚至有轻生的念头。

经济和养老方面：儿子治病花掉所有积蓄，还欠债5万余元。原本以为可以“养儿防老”，变成了将来的生活和养老是个难题。

（二）社会问题

如今失独家庭（独生子女死亡家庭）正在成为中国社会老龄化所面临的一个新挑战。失独家庭一旦形成，受伤最深的是父母，白发人送黑发人，精神心灵备受摧残折磨；晚年生活孤独，颐养天年成空，养儿（女）防老却防不胜防。当前的社会救助政策和社会养老机制，对失独家庭缺乏有效的救助体系，不能满足失独家庭精神慰藉、心理疏导、经济扶助、养老保障等多元化需求。

基于对以上原因的分析，从案主自决原则出发，运用参与式的需求评估方法和问题优先排序的方法，列出下面是最需要最集中的需求。

一是疏解压抑、苦闷等情绪上的困扰，消除轻生的念头，重新树立自信、学会快乐地承担和面对。

二是解决经济、养老和照顾的需求。

三是主动寻求社会支持，重新构建生活秩序，快乐健康地度过晚年生活。

根据对现状的分析，我们运用危机介入的方法对张阿姨开展社会工作服务。

三、服务计划

（一）服务目标

短期目标：稳定张阿姨悲伤的情绪，通过情绪疏导和哀伤辅导，消除其轻生的念头，以健康的方式把情感投注到新生活，重塑生活的勇气和信心。解决其养老的后顾之忧，通过寻求社会支持，帮助张阿姨再度社会化，顺利融入由于丧亲而发生变化的新的生活环境，开始新的生活。

长期目标：增加张阿姨与其他老人之间的互动和交流，拓展社交网络，使她能够主动融入到集体活动中，重新回归社会，实现自我增能，缓解以至根治她心理上的空虚感、孤独感，提高生存质量。呼吁社会更多地重视、关注失独家庭，以此推动社会福利政策和制度的完善。

（二）服务策略

1. 通过危机介入手段和“空椅子”心理干预疗法对张阿姨开展专业社会工作服务，缓解其哀伤的情绪，消除轻生的念头。

2. 在社区组织开展失独家庭“认亲”活动，招募志愿者为张阿姨提供心理慰藉、节日慰问、生活照料等服务。

3. 通过社区帮扶救助和计划生育困难家庭扶持政策，帮助张阿姨解决养老难题。

4. 鼓励张阿姨多参与社区活动，实现自我增能，重新融入社会，开始新的生活。

四、理论支持

危机介入模式是围绕着服务对象的危机而展开的调适和治疗工作，注重不同服务介入技巧的综合运用，目的是在有限的时间内快速、有效地帮助服务对象摆脱危机的影响。危机介入的原则是：A. 及时处理。B. 限定目标。C. 输入希望。D. 提供支持。E. 恢复自尊。F. 培养自主能力。危机是否能够解决最终取决于服务对象是否能够增强自主能力。

增能理论又译为激发权能、增权理论，萌芽于 20 世纪 70 年代。增能理论认为，困难群体、消权者产生比较强烈的无能感、无力感的主要原因，是他们与环境互动时存在一些负性经验，导致他们不能够与环境实现良好的互动。增能即针对社会中消权的个人和群体，社会工作者在介入时通过各种途径并运用各种技巧来激发他们的潜能并增强其能力，扩展并利用外部资源来帮助他们，提高他们的社会参与能力及面对问题、解决问题的能力。

五、实施及介入的过程

第一阶段：直面危机—心理干预—解决危机（2013 年 3—4 月）

第一步：初步接触，同理感受，放松练习。

为了缓解张阿姨的陌生感和排他感，我们安排了一名与她比较熟悉的工作人员一同前往。张阿姨面容憔悴，显得忧心忡忡，家里也是一片狼藉，显然失去儿子后张阿姨的生活秩序已经完全打乱了。这时候，我们没有直接进入面谈。而是帮张阿姨打扫卫生，经过 1 个多小时的努力，原本混乱不堪的屋子又恢复了整洁和明亮。打开紧闭的窗户，阳光透过纱窗温暖地照在张阿姨身上，张阿姨情不自禁地往窗外看去……“张阿姨，您好久没出去透透气了吧，今天天气很好，要不我们陪您去散散步吧。”得到张阿姨允许后，我们开心地笑了，这预示着一个良好的开端。

在散步过程中，我们将社会工作向张阿姨进行了介绍，并鼓励她向我们表露内心的痛楚，并运用同理心、尊重、真诚等技巧积极倾听，取得张阿姨的信任。

第二步：心理干预——情绪宣泄和疏导。

我们运用了心理干预的“空椅子”疗法，引导其进行情绪的宣泄。我们在张阿姨坐的椅子的前面放了一张空椅子，并告诉她，想象儿子正坐在对面的椅子上，鼓励她把想要说的话全部说出来。“我的孩子，你怎么能抛下妈妈一个人走了呢，你知道妈妈有多想你吗？……”经过引导，很快张阿姨就进入了情境中，一改往常的失落，情绪也是异常激烈，最后号啕大哭，在这个过程中，我们并没有多说什么，因为这时候倾听比什么都重要，只是适时地递上纸巾，轻拍后背，表示对服务对象的理解和支持。张阿姨苦闷的心绪得到了极大的宣泄。“哭完后，放松多了。”这是张阿姨对此次心理治疗的评价。这时我们运用开放性提问的方式，适时地引导她接受儿子去世的事实，并告诉她儿子并不希望看到妈妈那么伤心，他希望妈妈能健健康康地活下去。

第三步：寻求亲人的支持——输入希望。

嘱咐其妹妹和其他亲戚朋友要特别照顾好张阿姨的生活起居，经常陪她聊聊天，舒缓压力，避免意外事件的发生。要让张阿姨明白，虽然没有了儿子，但还有很多亲人关心她，爱她。

第四步：哀伤辅导——爱的延续。

在第三次面谈时，张阿姨与我们已经比较熟悉，产生了基本的信任。在我们的引导下，张阿姨慢慢地回忆了年轻时一个人将儿子拉扯大的艰辛和不易，回忆儿子长大后的孝顺能干……张阿姨从书柜里拿出一个铁盒，里面整齐地叠放着儿子从小到大的照片、儿子上大学时给她写的书信，儿子的各种奖状、证书。我们发现，在张阿姨回忆过程中虽然有强烈的情绪牵动，但更多的是对儿子的牵挂和过往美好的回忆。社会工作者辅导张阿姨控制悲观的情绪，鼓励张阿姨想儿子的时候就拿出来看看，将对儿子的“爱”寄托在这些美好的回忆中，带着儿子的“爱”继续快乐地生活。最后，张阿姨告诉我们，已经明白生老病死不随人意，只是无法接受儿子比自己先走的事实。并表示家人的支持和帮助让她也想开了，已经答应妹妹不会再去做傻事。

第一阶段总结：在这一阶段，通过危机介入的手段，张阿姨悲伤、苦闷的情绪得到了宣泄和舒缓，轻生的危机基本解除。下一阶段，应该将工作的重心转移到张阿姨的自我增能中来，引导她从哀伤中走出来，重新对生活燃起希望，主动寻求社会支持，重建生活目标。

第二阶段：自我增能，构建社会支持网络（2013 年 5—7 月）

随着服务的深入，我们发现张阿姨的情绪逐渐稳定，也慢慢接受了儿子去世的事实。因此，第二阶段的重点是要帮助她重建生活秩序，实现自我增能，开始新的生活。

（一）非正式的社会支持网络

1. 志愿服务，搭建情感支撑。我们与浙江工商大学的大学生志愿者团队合作，在校园内招募了一批大学生志愿者，开展失独家庭“认亲”活动。介绍了大学生小熊与张阿姨结对，为张阿姨提供心理慰藉、节日慰问、生活照料等等。小熊的到来，给张阿姨带来了一股温情。“小熊这孩子真好，每天都会打电话提醒我按时吃药，看到他，就像看到了自己的儿子一般，很温暖。”张阿姨的脸上出现了久违的笑容。

2. 社区支持，重燃生活的信心。我们了解到张阿姨曾经是单位的文艺骨干。社区的“夕阳红俱乐部”要成立一个老年舞蹈队，需要招募一个有舞蹈经验的队长。在大家的鼓动和劝说下，张阿姨主动报了名，并表演了一段优美的华尔兹，虽然因为很多年不跳显得有些生疏，但曼妙的舞姿、华丽的舞步还是得到了在场老年朋友热烈的掌声，张阿姨顺利当选了舞蹈队的队长。这是张阿姨第一次将思维和注意力从儿子去世的事实中转移出来。此次顺利当选也为张阿姨重新回归社会奠定了良好的基础，增强了她的自信心，激发了自身的潜能。

从那以后，张阿姨成了“大忙人”，她每天都打扮得漂漂亮亮的，来到太庙广场教老姐妹们跳舞，不仅心情得到了放松和愉悦，排遣了寂寞和孤独，还认识了很多志同道合的朋友，大家的认可和赞美也让她重拾了生活的勇气和信心。她积极参与社区的活动，带领的队伍在街道举办的老年排舞大赛中，获得了第一名。

（二）正式的社会支持网络

1. 提供社会政策支持。我们将计划生育困难家庭的相关政策文件送到张阿姨家中，鼓励主动寻求政府支持。张阿姨申请了计划生育特别扶助金和公益金，拿到 1.5 万元的计划生育公益金和每月 200 元的特别扶助金，加上每月 1700 元的退休金，张阿姨的基本生活和养老有了保障。

2. 积极建议，为“失独者”代言。社会工作者利用在社区担任信息员的优势，撰写了一篇《关于提高失独家庭保障制度的建议》，呼吁政府加大对失独家庭的帮扶力度。市委领导批示，要求计划生育部门和各级部门加强对此类对象的关注，想方设法解决其养老、医疗等生活难题。

第二阶段总结：为了使服务对象更好地实现增能的目标，我们更多的是以引导者和支持者的身份出现，将主动权交给服务对象本人，通过她自己的努力去寻求社会支持。至此，服务对象基本从丧子的悲痛中走出，并找到了生活的乐趣和意义，并且主动教大家跳舞，实现了助人自助的目标。

第三阶段结案：经过半年来的服务介入，张阿姨的生活状态有所改观，服务目标已经基本达成，因此进入结案阶段。我们与张阿姨回顾了服务前后的变化，对张阿姨的变化给予了极大的肯定和赞扬，鼓励她开心快乐地过好每一天。

六、评估及专业反思

（一）效果评估

对张阿姨开展了满意度调查和访谈，她对自己的变化和服务效果相当满意。与张阿姨的家人、邻居和朋友进行访谈，大家都觉得张阿姨的变化很大，整个人自信和开朗了很多。

（二）自我评估

由于是初次开展失独家庭的社会工作，服务的过程中存在工作经验和服务技巧不够娴熟的问题。

通过这个案例，我们体会到，社会工作理论给了我们更全面的视角，更专业的技术和方法，弥补了传统工作模式的局限和不足。对失独家庭而言，稳定情绪、消除症状、角色认同、情感支撑和生活秩序重建，这些都需要专业社会工作者的介入。作为一名社区社会工作者，我们应该积极运用社会工作方法，为失独家庭提供心理慰藉、精神关怀，提供发展性、支援性和补救性的综合服务，帮助他们精神修复和赋权增能，使他们能够走出失独的精神阴影，重新走入健康的社会生活。

专家点评：彭何芬（浙江工商大学社工系副教授）

马克思说过，人的本质不是单个人所固有的抽象物，在其现实性上，它是一切社会关系的总和。本案例的张阿姨在失去儿子之后有轻生的念头，不仅是因为失去儿子这个人，更重要的是失去了和儿子的亲密关系，以及在这个关系中对爱与被爱的体验的感受，没有了关系和爱，人的存在没有意义。社区工作者的介入，一方面为张阿姨建立社会支持网络，让她在支持的关系中再一次感受被爱的体验；另一方面赋权增能，让她担当起社区舞蹈队队长，她在帮助他人的关系中再一次感受到能爱的体验。关系与爱重新回到生活中，人的意义重新得到彰显。这个案例的成功让我们相信，在服务过程中有机会让服务对象体验到爱与被爱的时候，也就是助人自助目标得以实现的时候。

作为一个个案服务项目，这个案例特别值得肯定的是，呼吁社会更多地重视、关注失独家庭，以此推动社会福利政策完善，作为服务的长期目标加以确立，使得服务的功效不只是停留在个人赋能的层面，而且有了维护社会公正的含义，从而也提升了个案社会工作的社会性价值和意义。

案例中提到用系统脱敏方法帮助服务对象宣泄悲伤情绪，这是值得商榷的。系统脱敏一般用来治疗恐惧、焦虑等紧张类的不合理情绪。用系统脱敏来做悲伤情绪的治疗，一方面在原理上难以解释，另一方面也会有伦理上的争议，这种做法是否“人道”？事实上帮助服务对象通过倾诉宣泄情绪不一定就要与系统脱敏的理论联系，这也提醒专业社会工作者们，在书写服务项目的时候，不是理论堆积得越多越好，重点还是理论能和自己的实际工作联系起来，对于服务行动有一个较好的指导和解释。

再婚家庭　重塑亲情

宁波市海曙区鼓楼街道苍水社区　周晓红（社会工作师）

一、案例背景

王阿姨和杨先生是再婚家庭。上年 10 月底，王阿姨的儿子杨某被查出肺癌晚期，需立即住院治疗，这个打击使王阿姨几近崩溃，她也失去了理智，对亲人产生不信任：对丈夫不信任，认为丈夫对继子的病情表现很淡然；对儿媳产生不信任，认为儿媳和儿子结婚时间不长，随时可能离开；对杨先生的两个女儿产生不信任，杨先生是离休干部，退休工资高，王阿姨退休工资低，儿子手术和术后化疗需要巨额医疗费，王阿姨认为儿子查出毛病后杨先生的两个女儿态度发生转变，开始担心杨先生的退休工资会花到继子身上，所以对两个女儿产生不信任。这些不信任使王阿姨将自己孤立起来，开始神情恍惚，并不时找碴儿与老伴、儿媳吵架，这个原本和谐的家庭陷入危机，杨先生主动向社会工作者求助。

二、分析预估

根据杨先生的述说，儿子突发恶疾导致王阿姨情绪失控，进而影响到整个家庭，导致家庭功能失调。社会工作者初步判定可以参考结构式家庭社会工作方法，运用家庭为中心的视角关注受助家庭成员面临的问题，促使家庭成员在互动交流中重新构筑相互支持的关系，充分运用家庭的资源推动受助家庭成员境遇的改变，使家庭功能重新得到恢复。

社会工作者先后访问了杨先生和邻居陆阿姨，对情况有了一个大致的了解。王阿姨今年65岁，30年前带着10岁的儿子与现在的丈夫杨先生再婚，儿子也改姓杨，杨先生的两个女儿均未出嫁。因为双方年龄相差较大，彼此相似的婚姻经历使他们格外珍惜第二次婚姻，王阿姨的用心经营和杨先生的积极配合使这个重组的大家庭其乐融融，不知内情的人还真看不出这是一个重组家庭。随着孩子们逐渐长大成人，各自组建家庭，王阿姨和杨先生也苦尽甘来，开始享受离退休后的晚年生活。但天有不测风云，上年10月底王阿姨的儿子杨某被查出肺癌晚期，需立即住院治疗，这个打击导致王阿姨精神崩溃，陷入绝望。根据理性情绪治疗理论，服务对象的情绪和压力来自一些非理性信念，即王阿姨由于与杨先生是重组家庭，在无突发事件发生时，双方能够处理好家庭关系，但现在王阿姨的儿子突患恶疾，她便觉得毕竟不是杨先生自己的孩子，丈夫不能完全感同身受，对丈夫产生不信任；而儿媳和儿子结婚时间不长，王阿姨认为他们还没有达到从爱情到亲情的融合，所以对儿媳是否会继续留在生病的儿子身边感到心中没底；而她认为两个继女盯着父亲的离休金，防着她这个继母。尽管丈夫和儿媳都在尽心尽力地照顾杨某，但由于她当时的情绪完全沉浸在内心担忧和儿子的痛苦上，根本无视这些，甚至都不知道寻求外界的帮助。

有了上述的了解后，社会工作者绘制杨先生的家庭结构图如下。

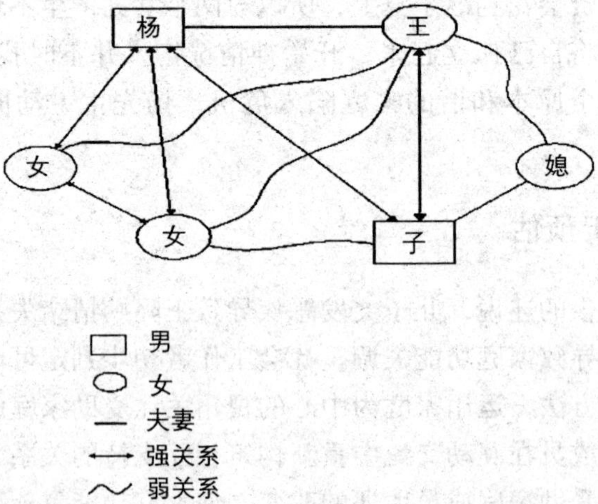

从图中可以看出，王阿姨将全部心思放在儿子身上，与家庭其他成员都呈现紧张状态。而她的非理性也影响家庭其他成员间的关系。

经过走访、收集资料、初步预估等前期工作，社会工作者与杨先生达成如下口头协议。

一是王阿姨的家庭问题主要体现在两个层面：

个人层面：王阿姨因为儿子的病来得太突然，超出了她的承受能力，出现非理性信念进而导致非理性行为。

家庭层面：王阿姨的家庭目前呈现纠缠与疏离的病态结构状态。主要源于成员间缺乏充分沟通。

二是社会工作者运用结构式家庭治疗模式解决杨先生的家庭问题，恢复家庭功能。

三是服务时间暂定为 10 个月。

三、服务计划

（一）服务目标

通过介入该家庭的基本结构和交往方式，促使其得到改变以消除服务对象的问题，恢复该家庭的社会功能。

（二）服务策略和程序

1. 运用集中焦点的技巧将家庭成员的注意力集中在家庭交往方式和问题的关联上。该家庭的主要问题源自其中一个成员突患疾病，引发了其他一系列矛盾，解决矛盾的最好方法就是将家庭成员的关注点重新集中在问题的根源上，并齐心协力地积极解决。

2. 运用互动方式的技巧让家庭成员明白自己是怎样影响其他家庭成员的，关注家庭成员之间的互动方式。因为其中一位成员生病导致家庭系统功能失调，这也反映了这个家庭成员间平时缺乏交流，一旦碰到问题首先想到的是独自承担，而不是团结家庭成员共同解决，更不会考虑到自己对其他家庭成员的影响。因此在这个家庭中建立起良好的交流方式就至关重要。

3. 运用强调优点的技巧，引导家庭成员关注整个家庭或个人的优点，避免过分关注家庭的不足。分析这个家庭在碰到问题后成员间首先关注的就是家庭的不足，杨先生认为王阿姨太强势，王阿姨认为杨先生关键时候不尽心尽力，与两个继女之间的关系也出现紧张。所以需要引导家庭成员间重新关注对方的优点，消除紧张关系。

4. 整合社会资源，帮助服务对象建立社会支持系统，尽可能减轻心理压力和经济负担。

四、服务计划实施过程

第一步：引导家庭成员，关注问题焦点。上年 11 月 10 日，王阿姨的儿子在李惠利医院接受手术。13 日，社会工作者到医院去看望杨某，了解到他的手术很成功，与王阿姨和其媳妇有了一面之缘。之前，社会工作者已从侧面了解到王阿姨是一个要强的人，有事喜欢独自承担，所以要想打开王阿姨的心扉，接受外界的帮助，需先取得她的信任。一周后社会工作者到王阿姨家，看到她神情不安，原来她刚给儿子打过电话得知，儿子早上起来感到身体不适，王阿姨想到医院去看，老伴又刚出去，没法联系，社会工作者连忙叫王阿姨给杨先生留字条，然后陪着王阿姨一起到医院。到医院后，医生已经在给杨某用药了，看到儿子痛苦的神情，王阿姨心痛不已，医生安慰王阿姨，这是化疗反应，很快就会过去的。社会工作者也一直陪着王阿姨不停地安慰她。从医院回来后，王阿姨知道社会工作者是真心地想帮助她，开始主动与社会工作者交流：王阿姨在与杨先生结婚时，杨先生年龄比王阿姨大 10 多岁，还有两个女儿需要照顾，王阿姨对两个女儿也是视如己出，现在孩子们都成家立业了，王阿姨有一种失落感，再加上自己的儿子突患恶疾，王阿姨更是感到心理不平衡，就用吵架挑刺这种方式作为对自己负面情绪的一种宣泄。王阿姨的儿媳与儿子结婚时间本就不长，又是外地人，王阿姨对她不信任，认为她对儿子没有诚意。总之，她对原本应该是亲人的人都产生强烈的排斥并且沉浸其中无法自拔，这样的非理性情绪让王阿姨失去了正常的判断力。另外儿子治病和照顾都需要钱，经济压力很大。王阿姨想帮助儿子，但又认为杨先生不情愿，所以王阿姨感到很无助。

接着社会工作者分头约见杨先生的两个女儿，两个女儿首先就表达了对父亲的担忧和对王阿姨的不满。父亲杨先生已是78岁高龄，身体不是很好，王阿姨为了方便照顾手术后的儿子，要儿媳和1周岁的孙子都住在她家，本来就需要被照顾的杨先生还要每天去买菜烧饭，因此女儿们担心父亲的身体，颇有微词，与继母产生矛盾。社会工作者引导她们客观分析事情的原委，站在继母的角度给予理解，对弟弟的病积极关注。通过交流，她们开始回忆继母以前对她们的照顾，以及与弟弟这么多年的感情，并开始反省自己没有积极关注弟弟的病情，表示愿意和继母沟通，与继母一起帮助弟弟战胜病魔。

第二步，促使家人互动，共同承担家庭责任。社会工作者再次陪同王阿姨到医院探望杨某，主治医生说病人在第一次化疗后病理指标开始下降，病情开始呈现好转的迹象。这个消息使大家都很高兴，王阿姨脸上出现笑容，乘此机会，社会工作者当着王阿姨以及儿子儿媳的面给杨先生两个女儿打电话，告诉她们弟弟的治疗情况，她们听了也很高兴，并当场和弟弟通了话，表示会来看望他。这样两次和杨先生女儿交流过后，女儿们开始轮流到杨先生家帮助买菜打理家务，她们的实际行动温暖着王阿姨的心，杨先生心情也好了很多，家里的气氛开始发生改变，家人间开始交流。

第三步：召开家庭会议，恢复家庭功能。社会工作者趁热打铁，上门看望杨先生，将这两天与其他家庭成员交流的情况与他沟通，建议杨先生以家庭成员碰到重大问题为理由，召集家庭会议。杨先生表示认同，并主动与王阿姨商量并召集家庭会议。这次家庭会议很成功，大家达成三点意见：一是病人出院后一家人搬回自家住，请一个保姆照顾病人，儿媳回单位上班。考虑到杨某生病花费很大，小孩还小，经济暂时困难，所以保姆的费用由杨先生和王阿姨支付。二是考虑到王阿姨的心情，杨先生陪同王阿姨隔天去看望一趟儿子。三是两个女儿轮流到父母家，帮助买菜或者做卫生，并经常看望弟弟，给弟弟精神上的支持。

杨某出院回家后，王阿姨一方面担心儿子的病情会出现反复，一方面担心孙子不能得到很好的照顾，仍充满了焦虑，责怪丈夫容不下儿子。社会工作者知道这个时候很关键，每天上门看望王阿姨，并从网上下载癌症患者延续生命并最终治愈的信息转述给王阿姨，使她对儿子的病产生信心。而杨先生积极关注杨某的病情，并帮助王阿姨一起分析，使王阿姨感到很安慰，对老伴的怨恨开始减弱。社会工作者与王阿姨的儿媳联系，要她多与王阿姨通电话，将老公和孩子的消息告诉王阿姨，一家三口每周到王阿姨家走一趟。随着生活慢慢恢复正常，王阿姨的心态也慢慢变好。

第四步：引入社会支持，减轻经济负担。王阿姨信心逐步建立，她开始主动打听关于癌症患者治愈的消息，听社会工作者的建议说服儿子去参加宁波市癌症俱乐部的活动，儿子第一次参加活动过后，感觉心情也开朗了很多。王阿姨开始考虑儿子每月一次化疗费的问题，因为儿子一直是自由职业，社保缴费额度较低，报销比例也低。社会工作者一边了解其子的社保缴费情况，一边到市劳动局咨询对大病、丧失劳动能力的人是否能办理提前退休事宜。王阿姨也在社会工作者的提醒下，利用自己的社会关系，到市劳动局、医疗鉴定中心替儿子咨询、申请办理提前退休，经过 1 个多月的奔波，王阿姨得到社保政策的支持，为杨某办理了提前退休手续。杨某不但每月能领到一定数量的退休金，并且医疗费用能报销 95% 以上，大大缓解了治疗费用的压力，也降低了家庭的经济负担。

第五步：结案。从杨某动手术至今已经有 8 个月，原来医生断言动手术也只能活 6 个月的预言被打破，杨某仍每月到医院检查一次，并且结果一次比一次好。王阿姨也从当初儿子查出毛病时绝望的心境里走出来，生活恢复正常。在经历了这次的亲情考验后，王阿姨和杨先生更加珍惜重组的家庭，更加用心地考虑对方的感受，平衡双方子女的关系。虽然儿子病情还没有解除危险，但王阿姨已经不再感到孤独，她相信有家人的帮助，社会的支持，困难已经难不倒她了。

五、案例评估

服务开展半年多时间，社会工作者始终坚持以“助人自助”理念为指导，以结构式家庭治疗模式为主，结合理性情绪治疗模式，具体采取集中焦点、互动方式、强调优点等技巧，帮助服务对象克服非理性信念，通过家庭动力和组织方式的改变来解决个人和家庭的问题，恢复家庭功能，促使服务对象“自我实现”。

六、专业反思

家庭是社会的基本元素，家庭成员间在相处过程中随时在适应和修复彼此之间的关系，但矛盾依然不可避免，特别是在家庭突遭变故时，家庭矛盾会大大降低家庭应对困难的功能。专业社会工作方法的及时介入是恢复家庭功能的有效途径。

专家点评：高燕（浙江工商大学社会工作系副主任、博士）

这是一个再婚特殊背景家庭，由于疾病的现实危机引发家庭功能弱化的典型案例。本案中社会工作者通过诊断分析，运用了家庭治疗模式和聚焦问题、成员互动、案主自决、社会支持等中观的工作技巧。既结合了社会工作的价值理念，又呈现出了本土化的社会工作服务特色。

整体感觉，社会工作者在服务过程中始终占有主导作用，调解比重略多。应当注意“反移情”的控制。如何从“调解性的社会工作”转变为社会工作者的“调解角色”，需要不断挖掘内化社会工作的价值理念，寻找案主的心理需求和资源，保证家庭功能的持续性。

调动失业人员潜能　提高社会适应能力

杭州市上城区小营街道马市街社区　明婧芝（助理社会工作师）

一、基本情况

小张，女，1982 年 12 月 22 日生，未婚，无业，毕业后一直无固定工作，目前与父母同住。2003 年从某职业技术学校形象设计专业毕业时，因心里过于紧张，未能通过毕业考试。后来学校推荐她去某超市做收银员，三个月后被辞退，又做了一个月服装专卖店营业员，此后一直失业在家。案主一向比较听从母亲，但因母亲经常催促其出门找工作，她对母亲产生了反感，与父母的交谈也逐渐减少，家庭气氛紧张。案主本身性格内向，且在工作方面屡屡受挫，造成其内心失调，自卑感很强。案主目前整天不出门，无所事事，自己也感到很苦恼。

二、主要问题及分析

思想观念：案主在就业过程中屡屡受挫，使她非常灰心和自卑。社会工作者打算从改善就业观念入手，为她提供与社会接触的机会，使她认识到自身的优、缺点，增强其就业的自信心。

性格问题：案主性格内向，不善交往。在与社会工作者多次交流过程中，许多事情都是母亲代为陈述，案主本人只是低头默认，很少交流，语言表达能力不佳，眼神中流露出迷茫。社会工作者认为让其参加团康等活动，可以增强她与同辈群体交往的能力，并及时地给予鼓励，使其性格开朗起来，更快地融入社会。

就业技能：案主学历较低，又无一技之长，在当前竞争激烈的就业市场中，的确很难找到工作。社会工作者认为要提高案主的劳动技能，使其适应社会的发展。

家庭关系：案主长期闲散在家，无所事事，父母对其有埋怨情绪，家庭气氛紧张。社会工作者认为应与案主及其父母共同交流、分析案主产生问题的原因和解决问题的方法，让母亲认识到自己事事替女儿包办不利于孩子的健康成长，应该改善与女儿的交流方式。

三、服务模式

采用任务中心模式和家庭疗法相结合的服务模式。任务中心模式认为，案主是有解决问题的能力和潜能的。因此采用任务中心模式，为案主的治疗过程提供一个框架，充分发挥案主自身的能动性，依靠案主的努力解决问题。

案主与母亲的关系紧张，这一问题的解决可以运用家庭疗法，以改善母女的交流，使母女俩正确地对待家庭关系问题。

此外，本案例还可以邀请案主参加团康等团体活动，以增强案主对社会工作者的信任，增加与同辈群体接触的机会。

四、服务计划

总体目标：协助案主改变就业观念，克服自卑感，增强自信心；利用社会资源，提供实践机会，提升个人能力；改善母女关系，改善案主内向封闭的性格，促进其更快融入社会。

一是收集并研究资料，了解案主的生活状态、主要问题，建立专业关系。

二是与案主进行交谈，改变其就业观念，助其认识到自身的优点和弱点，树立新的人生目标。

三是与案主的母亲进行沟通，缓解家庭气氛，让其认识到替女儿包办和对女儿的埋怨不利于其健康成长。

四是提供案主参与社会实践的机会，提高其动手能力。

五是邀请案主参加团康活动，增强与同辈群体交往的能力，使其性格逐渐开朗。

六是根据案主的个人特点和能力，提供就业机会，增强其自立能力。帮助案主做好就业前的准备，鼓励她走出家门，结交一些同辈群体，使她能够独立地走向社会寻找工作机会，而不是一味地依赖社会工作者。

七是回顾整个过程，巩固服务的成果，对案主及其家人的努力予以鼓励，并做好跟踪服务。

五、服务过程

案例来源于“社会工作者发现”。第一次接触的方式是社会工作者通过电话联系到案主本人及其母亲。案主母亲对社会工作者表示怀疑，态度粗暴地拒绝了社会工作者的服务。但在她和女儿收看了当晚电视台播放的“社会工作者”专题节目后，主动到社会工作者点寻求帮助。

第一节：首次面谈时，案主单独在家，社会工作者发现案主由于长期待在家中，神情淡漠，说话吞吞吐吐，显得很拘谨。社会工作者鼓励她说出自己的想法，当社会工作者聊到她的兴趣爱好时，她的话一下子多了起来，社会工作者顿时感到这是一个很好的切入点。案主告诉社会工作者，她喜欢艺术方面，比如画画、手工等。学校学习的专业是形象设计，由于心里紧张，动作慢，没有通过考试，后来两次短暂工作后就一直失业在家。案主表示她母亲现在不停地催促她出去找工作，使她感到很苦恼。

半小时后，案主母亲回来了，对社会工作者的到来表示了欢迎，与昨天电话中的态度截然相反。她先告诉社会工作者收看了昨晚的“社会工作者”专题节目，然后主动讲述了一些女儿的情况。整个交谈中，案主母亲表现出了焦急的心情，希望社会工作者及时地给予帮助。

通过这次上门走访，社会工作者和案主及其母亲建立了良好的关系，母女对社会工作者的信任度大大加强。社会工作者在交谈中，发现了服务对象身上确实存在一些问题，认为应该建立专业关系，提供专业服务。

第二节：社会工作者与案主的母亲进行了交流，指出了她在日常生活中，教育女儿方式的不足，比如事事代其女儿包办，使女儿缺乏独立的空间，过分依赖，不利于案主的自主自立。案主的母亲对社会工作者的建议表示接受，愿意在今后的日常生活中注意这方面的问题。之后，社会工作者又向案主的母亲传授了一些家长与孩子沟通的技巧，她表示愿意有所改变。

另外，根据案主的特点，社会工作者电话告知案主"营业员培训"的信息后，案主马上赶到社会工作者点报名参加。社会工作者感到，对于一个长期待在家、事事大人做主的年轻人，能够独自来到社会工作者点办理培训报名登记，已经迈出了成功的一步，同时社会工作者也对案主给予了及时的肯定和鼓励。

通过这次服务，社会工作者看到了案主的母亲愿意改善与女儿关系的积极态度，对社会工作者传授的沟通技巧也能接受。案主表现出对求职的迫切，也让社会工作者意识到应该先解决其就业问题。

第三节：案主来电话询问营业员培训班的开班日期，社会工作者联系相关部门后，了解到由于培训的人数不满，要延期开班，具体开班日期尚未确定。社会工作者就打算利用这段时间，让案主去参加社区手工编织社的劳动，不但能提供案主与社会接触和锻炼的机会，还能提高她的动手能力和与社会交往的能力。社会工作者把这个想法与案主进行了电话沟通，案主回答表示非常想参加，并希望社会工作者尽快安排。

第四节：社会工作者联系了手工编织社负责老师并简要介绍案主情况。案主来社会工作者点，社会工作者带她去编织社。途中进行了交谈，了解到案主母亲能让她独立地去办些事了，也不再像以前那样天天在她面前唠叨找工作。社会工作者告诉案主要体谅父母的心情，平时多帮母亲做点家务。快到编织社时，社会工作者向案主讲述了一些参加劳动的注意事项，要礼貌、虚心、细心。参观了编织社的作品展览室和工作环境，案主非常满意，表示明天9点会准时到编织社参加劳动。过了一天，社会工作者来到编织社，看到案主正在请教老师怎么编织花样，老师也手把手地教她。

社会工作者认为，这次为案主提供的社会实践和锻炼的机会，符合案主的兴趣爱好和特点，发挥了她的特长，增强了她的动手能力，给她创造了与人交流的环境，有助于她性格的改善。

第五节：社会工作者电话邀请案主参加“迎圣诞　送温暖”联欢会。活动当天，案主提前来到活动地点，积极参与了社会工作者设计的心理测试和互动节目等活动，获得了三等奖，还上台发表自己的感想和新年愿望。

这次团康活动，提供了案主与同辈群体交流的机会，她在活动中的表现，可以看出她有结交同辈朋友和改变自身的愿望。案主第一次当着这么多人的面讲话，虽然还有点怯场，但她能敞开心扉，是她人际交往中迈出的重要一步。

第六节：社会工作者询问案主近况，她告诉社会工作者通过某超市理货员和巧克力专柜促销员的面试，很开心，想找社会工作者聊聊。社会工作者看看窗外的鹅毛大雪，踏着厚厚的积雪赶往案主家。

案主表示上次参加活动结识了几位好朋友，至今保持着联系，她还想再参加。社会工作者问她还有什么收获，她说：“我感到现在自己的性格开朗多了，和妈妈的交谈次数也多了，关系缓和些了。”对案主通过自己的努力通过考试，独立地走向社会等改变给予了充分地肯定和鼓励。这次服务，反馈给社会工作者的信息是，通过社会工作者的帮助和案主自身的努力，她在就业观念、家庭关系、性格方面都有所改善，并且可喜地看到她已能够独立地走向社会，体现出了积极向上的精神面貌。

第七节：案主目前的主要问题已经得到了缓解，并朝着好的方向发展，社会工作者认为可以结案，并制订了跟踪服务计划。

六、服务评估

案主的自卑情绪得到了改善，性格也渐渐开朗，与母亲的关系趋于缓和，还能够主动出门找工作，整个人的精神状态与接案时相比，有较大的改变。社会工作者认为，此个案比较成功，其中有三个方面起了较大的作用：第一，社会工作者与案主及其家人进行了多次交流，并能够把案主的问题放到家庭、社会层面上考虑；第二，对案主的改变不断地给予肯定和鼓励；第三，团康活动的参加，使案主性格的改善和人际交往能力提高跨出了重要的一步。

七、个案反思

建立良好的专业关系，取得案主及其家人的信任，是顺利开展个案的基础。针对性格内向的案主，找到谈话的切入点非常重要，而且切入点通常是案主感兴趣的事物。案主的许多问题都是相互联系的，核心问题的解决通常能使其他问题得到缓解。社会工作者要善于运用社会资源为案主服务，比如推荐培训、提供就业信息、联系社区资源。

本案存在的问题：社会工作者一直处于“主动”的地位，到后期才慢慢体现出“助人自助”的理念。案主的工作并不稳定，只是促销类的季节性工作，社会工作者担心长此以往，案主以前取得的成果会慢慢消退。

再婚老人的“乐居焦虑”

杭州市上城区清波街道清波门社区　韩丽娜（社会工作师）

一、案例背景

周某，男，1929 年出生。20 世纪 50 年代，周某支援新疆建设，先在军区工作，之后转业到地方。在新疆结婚，退休前离异，退休后回到杭州下城区，所居住的系其祖父的房子。周某有三个儿子，一个在上海，两个在新疆。1992 年，在朋友的介绍下，周某与沈某结为夫妻，后一直居住在清波门社区。沈某，1932 年 4 月出生，两个儿子、两个女儿均住在杭州，家境不好。二老结婚后的居所是沈某的朋友在 1988 年所赠送，之后房子拆迁回迁，由周某、沈某以及沈某的大儿子三人共同出资购置，房产证上的名字为沈某。2001 年沈某将房子公证留给大儿子，明确如果沈某过世，周某可一直居住到离开人世。沈某大儿子家经济条件不好，曾提出让母亲沈某住到他们租的房子去。在这两次事件后，周某认为沈某和大儿子合谋要把他赶出去，由其大儿子住到现在的房子后，妻子沈某也会离他而去，自此，周某的脾气便越来越差，与妻子沈某的争吵也越来越多，有时还动手打沈某。沈某向社会工作者寻求帮助。

二、问题及资源分析

案主个人问题及资源分析如下。

生理方面：案主随着年龄的增长，身体机能衰退，近段时间经常会出现呼吸过快、眩晕、失眠等症状。

心理方面：案主多年来一直生活在新疆，三个儿子均不在身边，没有亲人的照顾，缺少亲情的温暖。虽然妻子沈某的子女都在杭州，平常也会来看望他们，但案主认为不是自己的亲生孩子，多少都有些隔阂，很多关心也只是流于表面。案主内心空虚，只有和妻子沈某二人独处时才能有话说。但自从沈某的大儿子提及房子的事情后，案主与妻子沈某的关系也出现了一些变化，案主认为遭到了妻子和孩子们的排挤，孤身一人在杭州无依无靠，安全感大大降低，脾气也越来越差，还出现了动手打人的行为。

家庭问题：案主和妻子沈某是再婚，虽然两人在一起已经有 20 年了，但两人都有各自的子女，两人在做任何决定的时候都会考虑到自己的子女，尤其是沈某作为母亲的角色。在这种情况之下，案主的不安全感越来越强。

社会问题：案主的退休关系在新疆，每个月的退休金由新疆的社保机构汇至其个人账户，医疗费用则需要其本人将发票收齐后统一寄到新疆报销。由于全国社保和医疗系统不联网，医疗费用的报销给他的生活带来了很多不便。

优势分析：案主虽然已经 84 岁了，但身体方面并没有较大的病痛，同时，案主与妻子沈某的感情较深，主观上并不希望两人分离，对于家人和家庭有较强的责任感。

三、运用的理论与方法

本案以认知行为理论为指导。认知行为理论将认知用于行为修正上，强调认知在解决问题过程中的重要性，强调内在认知与外在环境之间的互动，认为内在的认知改变与外在的行为改变都会最终影响个人行为的改变。

艾利斯提出了认知的“ABC 情绪理论框架”，即真实发生的事件，人们如何思考、信念、自我告知和评估其所遭遇的事件和人们思考、信念、自我告知和评估此事件的情绪结果。他用这个框架来说明人们的思考、信念、自我告知和评估是理性的，则情绪是正常的；相反，如果人们的思考、信念、自我告知和评估是非理性的、扭曲的，则人们会逐渐发展出不正常的情绪、情感和行为。

本案中，社会工作者主要根据认知行为治疗模式开展服务。认知行为治疗模式是以人的认知和行为作为关注焦点的治疗模式，它包括两个基本假设：一是认知对人的情绪和行为有着重要的影响；二是人的行为会影响人的思维方式和情绪。因此，认知行为治疗模式关注的是案主此时此地的经验和感受，通过改变思维和行为的方法来改变不良认知结构，以达到消除不良情绪和行为的目的。

四、服务计划

服务目的：改变案主内心的不合理观念和错误认知，使案主认识到沈某和其儿子并没有要赶他走的意思，认识到沈某会和他相伴到老，增强案主的安全感，缓解焦虑情绪，建立合理的观念和正确的行为方式，过一个安详的晚年。

服务目标：一是促使案主面对自己错误的认知，并认识到这些错误的认知产生了负面的情绪和不良的行为；二是减少案主与妻子的不良互动，如减少争吵的次数；三是改变案主动手打人的行为；四是建立案主正确的认知和行为方式。

服务策略：根据认知行为疗法理论的基本原理，帮助案主发现并纠正错误的认知，并运用细致的认知分析技术、行为矫正等强化和示范的方式帮助案主逐渐形成正确的认知，帮助案主减少或消除已有的情绪和行为障碍，并获得对生活更加宽容和理智的态度。

服务程序：首先是接案并建立专业关系。本案由案主的妻子沈某主动求助。我们先通过会谈，了解服务对象的基本情况和心理状况，建立良好的专业关系。其次是个案面谈。与案主进行个案面谈，时间约为每个星期一次，通过列举认知歪曲的事项，协助案主厘清自己行为不适和情绪困扰的具体表现，并制定服务的具体目标，协助案主改变因不合理观念而衍生的不合理行为。再次是家庭访谈。通过与案主的妻子沈某或相关人员的交谈，争取他们的理解和支持，共同协助案主走出心理障碍，改变不良情绪。最后是巩固成效。以家庭作业的形式给案主以相应的任务，对案主的积极表现及时强化，督促其感受获得强化后的愉快的情绪体验，引导案主做出更多的积极行为，不断开发内在潜能，尽可能避免反复。

五、实施过程

（一）接案

第一次，地点：社区办公室。沈某求助于社会工作者，表示自己的丈夫近段时间脾气变差，两人矛盾加深，争吵频繁，还出现了动手打人的行为。

（二）与案主进行第一阶段面谈

第二次，地点：社区小型会议室。案主讲述了自己与妻子沈某再婚的经过，并表示自己和沈某关系蛮好的，每天同进同出，沈某走路不稳，案主都会一直牵着沈某的手，平时案主也会与沈某的子女聚一聚，沈某的大儿子和儿媳妇对沈某还不错，来往也一直比较密切，但对案主却比较冷淡。案主表示家庭矛盾是从 2011 年开始的，现在越来越严重了。他表示，房子是公证过的，以后给大儿子住，大儿子现在就想要这个房子，打算把母亲接去和他们一起住，然后把案主赶出去。说到房子问题时，案主表现比较激动，双手一直在颤抖。

（三）与案主的妻子沈某进行面谈

第三次，地点：案主家中。社会工作者通过与案主家人的接触，对案主有了更为深入的了解。案主的妻子沈某表示案主这段时间经常胡思乱想，他还担心来家里的居家养老服务员会偷他的东西，在他们服务员搞卫生的时候，就总是在后面盯着。自从房子被公证给大儿子以后，他就经常坐立不安，还经常发脾气，扔东西，有时还动手打人。社会工作者通过与案主和其妻子分别会谈，以及对案主的观察后，诊断案主出现了焦虑情绪，并伴有相应的行为。

（四）与案主进行第二阶段面谈

第四次，地点：社区小型会议室。社会工作者问案主是否有其妻子沈某阐述的问题，案主均承认了。他也意识到自己脾气变差，表示动手打人自己很后悔，但无法控制住自己。社会工作者对案主的承认和事后的后悔都给予了积极的回应，并协助案主列举了认知歪曲的事项，案主也逐渐意识到正是这些歪曲的认知才让其出现了一些错误的行为。社会工作者提出希望与案主一起制定改变的目标，以此作为家庭作业，案主表示愿意。

附录 1：第一次家庭作业

序号	目标
1	每天早上起床后，站在窗口深呼吸 3 分钟
2	制作一份情绪变化表，将自己每天发脾气的次数记录下来，争取每天减少发脾气的次数。只要次数减少，给自己一个奖励
3	每天晚上睡觉前，对着镜子给自己一个大大的笑脸

（五）希望案主的妻子沈某给予案主积极的鼓励和支持

第五次，地点：案主家中。社会工作者将案主心理的变化告知妻子，并表示案主愿意改变，希望沈某能给予支持。社会工作者表示希望沈某和其儿子在案主面前不再提及房子的事情，也希望沈某能劝儿子尽量对案主表现得友好一些，沈某答应了。之后，社会工作者与沈某一起制定了奖励措施，一是沈某每天对案主笑一次；二是沈某每天对案主说一句鼓励的话，有助于缓解案主的焦虑情绪。在与案主妻子的交谈中，社会工作者了解到虽然二人没有共同的子女，但是他们在结婚后一起认了一个干女儿，干女儿与他们二老联系较多，关系也不错。社会工作者留下了干女儿的电话，打算会谈结束后与干女儿联系。

（六）获得案主干女儿的支持

第六次，地点：社区小型会议室。社会工作者希望通过干女儿对案主进行情绪上的安慰，缓解案主的焦虑行为。案主的干女儿表示案主的问题正是由于房子的事情而引起的，之前案主经常把要去住敬老院、要回新疆、要卖掉房子等话挂在嘴边，是说给沈某和沈某的儿子听的气话。私底下，案主在和干女儿聊天的过程中，却一直强调要住在这里。社会工作者希望干女儿每周能到案主家中坐坐，聊聊家常，在案主和其妻子之间做和事佬。案主的干女儿表示除了每周去看望，平时也会打电话关心。

（七）与案主进行第三阶段面谈

第七次，地点：社区小型会议室。社会工作者对案主的目标实施情况进行了了解，案主也如实讲述了自己的心理和行为的变化。案主表示近来与妻子的争吵已经越来越少，虽然有时候也会有口角，但没有以前那么激烈，也几乎没有动手的行为。社会工作者对案主的积极行为给予了回应，并协助案主一起制定新的家庭作业。

附录 2：第二次家庭作业

序号	目标
1	每天早上起床后，站在窗口深呼吸 3 分钟
2	每天克制住自己的脾气后，对自己说一句鼓励的话，如“我能做到”、“做得好”等
3	每天晚上睡觉前回想一下当天令人开心的事情

（八）邀请案主参加社区老年登山队活动

第八次，地点：柳浪闻莺。案主平时喜欢外出走走，为了巩固案主已改变的认知和行为，社会工作者邀请案主一起参加社区老年登山队的徒步游西湖活动。案主起初并不是很乐意，并一再要求社会工作者陪同。在徒步的过程中，社会工作者将案主介绍给同行的老人，同行的老人也非常高兴有新成员加入，慢慢地，他们熟络起来并相约下一次的活动。活动结束后，社会工作者与案主分享了活动心得，当案主在诉说的时候，脸上有笑容，诉说的时候也是手舞足蹈的，他表示之前就自己一个人或是和妻子两个人在家，平时和他人的接触也不多，这次能参加集体活动很开心，表示下次不需要社会工作者陪同，他在登山队里已经找了一个志同道合的朋友。

（九）与案主进行第四阶段面谈

第九次，地点：社区小型会议室。社会工作者与案主进行第四阶段面谈，案主表示干女儿每周都来家里陪他们，上个星期还请他们二老到饭店里吃饭，现在妻子和她大儿子也没再说起房子了，妻子还把房产证都拿了回来。案主的妻子沈某也表示近来案主不怎么发脾气了，也没有再动手打人。

（十）结案

第十次，地点：社区小型会议室。根据对案主的观察，以及其自身和家人对案主的评价，社会工作者认为案主的认知和行为模式已经回到正常轨道，可以进入结案阶段。此次面谈，社会工作者与案主一起回顾了案主认知的转变和心理的变化，对已形成的正确的行为模式进行了巩固。

六、案例评估

案主的自我评价："不再感觉被家人排挤了"，"现在的心情轻松多了"，"我还交了一些新朋友"。

案主妻子的评定：周某现在的笑脸比以前多了，与周某争吵的次数已经越来越少了，也不再出现扔东西和动手打人的行为了。

案主其他相关人员的评定：周某不再逢人就说房子的事情了，他现在过得感觉比以前开心，他们二老也与以前一样同进同出了，感情似乎比以前还要好了。

社会工作者的评价：发现治疗目标已基本实现，案主的焦虑情绪有了较大程度的缓解，未再出现因焦虑而伴生的不合理行为。

开启心灵之锁 重树生活信念

宁波市镇海区招宝山街道顺隆社区 杨松君（社会工作师）

一、案例背景

小曹，女，1968 年出生，无业，湖南省某县人，在老家离过一次婚，1998 年与丧偶并比她大 15 岁的当地籍郑某结婚后户籍迁入宁波现居住地，2007 年夫妻生育一子。其丈夫郑某无固定职业，靠捕鱼为生，与前妻生有一女杨某，1980 年 9 月出生，现常住北京，就职于北京某报社，户口仍挂靠在原籍父亲的住处内。2008 年小曹丈夫郑某患肺癌（切除左肺），花费巨额医药费，经住院治疗后身体恢复较为理想。由于后续治疗仍需较多费用，生活困难，同年申请低保，为社区低保户。由于两人年龄相差悬殊，小曹又是外地人，自郑某患病后，小曹就一直担心自己在家中的地位不稳固，生怕以后万一郑某过世后现住的房子被郑某的女儿继承，自己和儿子会被扫地出门，所以一直给丈夫施加压力，希望其女儿户口能迁出，同时逼迫丈夫把现住的房子过户给儿子名下以便以后儿子与她的生活有保障，但是其丈夫一直含糊其词，没有答应她的要求，为此，她很愤怒，夫妻俩为此事经常打架争吵，导致夫妻关系紧张，小曹甚至萌发了离婚的念头。

二、案例分析

根据社会工作实务"环境中的人"的实务视角出发，服务对象的家庭问题和矛盾的形成主要有以下几种原因。

心理因素：案主是外地人，文化程度低，人生价值取向有偏差。对家庭缺乏信任感，居住地无自己的亲戚，自我保护意识偏强，认为丈夫的亲戚们都不认同她，时刻担心自己今后会被赶出门，觉得没有安全感。

家庭因素：夫妻俩年龄相差悬殊，文化背景不同，认知也不同。彼此缺乏沟通与交流，缺乏信任与关爱。

经济因素：双方均无固定经济收入，靠低保维持生活，儿子年幼，上幼儿园及后期成长的投入较多，经济上缺乏保障。

社会因素：因为案主是外省人，普通话不标准，说起话来南腔北调，很少有交往的朋友，周边邻居对他们这对年龄相差悬殊的夫妻也有一些看法，所以社会交往少，缺乏与他人的交流和沟通。现今社会上人们对自身权益及财产的维权意识日趋强烈，案主也受此影响。新婚姻法对婚前财产的明确界定，更让案主忧心忡忡，由于他们现在居住的房子为郑某与前妻共有的拆迁安置房，因此她认为自己如果不强烈争取的话，就会居无定所。

三、服务计划

社会工作者通过大量了解和分析其家庭的现状和问题症结所在，与服务对象初步商讨了她所面临的问题、问题的成因和需求，经过商谈最后一起制订了如下服务计划。

（一）服务目标

1. 运用社会工作专业知识和方法，改变服务对象的心境，协助服务对象改善与丈夫的关系，消除对丈夫的怨恨和不解，对家庭和婚姻重塑信心。

2. 鉴于案主的特殊原因，在改善夫妻关系的前提下，通过沟通协调，为服务对象争取一些最基本的权益和保障，解决她的后顾之忧。

3. 帮助服务对象寻找一份工作，让她在经济上能基本独立，减少其内心对“未来”的不安与担忧。

（二）服务策略

1. 运用理性情绪治疗模式，解决认知问题。针对服务对象的心理状况，做好心理疏导与安抚，通过面对面的交谈、倾听，让服务对象宣泄内心的情绪，通过专业服务，不但缓解现有矛盾，并使之学会在婚姻家庭中如何面对和解决问题的技巧与方法。

2. 运用结构式家庭治疗模式，解决家庭关系失衡。发掘和运用服务对象自身及其周围环境的资源和能力，以增进服务对象个人与社会环境之间的适应。针对服务对象特殊的家庭情况，解决问题的核心是她的丈夫郑某，其次是郑某的女儿，所以要从这两个家庭成员身上做工作，取得他们的配合，通过改变以往“吵、打、闹”的家庭沟通方式，共同努力建立和谐的家庭关系。

3. 运用心理社会治疗模式，增强社会适应能力。利用街道、社区资源，为服务对象寻找一份能够让其自食其力的工作，从心理上彻底打消其对未来生活问题的顾虑，帮助其走出心理阴影，走上就业之路。

（三）服务程序

1. 接案。本案是由服务对象主动到社区居委会要求求助的，社会工作者先通过会谈了解服务对象基本生活状况和心理状况，帮助服务对象逐渐释放自己的情绪，建立良好的专业关系。

2. 介入。与服务对象一起分析问题产生的原因，找出解决问题的办法，在与服务对象进行沟通的过程中，同时与服务对象的丈夫会谈，了解夫妻矛盾产生的症结所在，动员其丈夫能以积极乐观的态度共同配合社会工作者做好夫妻矛盾的调适工作。

3. 结案。通过专业服务，帮助服务对象建立融洽和睦的家庭关系，增强自身能力，学会人际交往的技能和技巧，提高与社会环境之间的适应水平，使服务对象转变成自助者。

四、服务计划实施过程

第一步：介入。与服务对象建立良好的关系，用语言和非语言行为取得服务对象的信任，了解服务对象内心深处最真实的想法。

社会工作者把服务对象约到社区，与她进行面谈。一开始，服务对象情绪激动，涕泪俱下。她详细地介绍了自己的心路历程，多年前她只身一人来到宁波，经人介绍在其现在的丈夫郑某家做保姆，陪护当时郑某患癌症的前妻。为了以后生活有个依靠，其前妻病故后她与郑某结婚，在这里扎根落户，于2007年生下一子。2008年郑某患肺癌的巨额医药费花完了家中原有的积蓄。他们现在居住的55平方米的房屋系郑某和前妻所共有的房产。她向丈夫郑某提出两点要求：一是让他女儿户口从原籍迁出；二是把现有房产过户到儿子名下。针对案主的要求，郑某一直含糊其词，未作明确表态，她多次要求未果后恼羞成怒，就开始激烈的争吵和辱骂，于是夫妻关系日趋紧张，使自己对现有的婚姻失去信心，也萌发想离婚的念头，但由于自己没有经济收入，生活上无法独立，又不敢真正迈出这一步，为此内心非常痛苦。社会工作者对她进行了开导，并教给她夫妻之间沟通交流的技巧，希望她讲究“家庭中的艺术”，诚恳而委婉地表明自己的想法和要求，得到丈夫真正的理解和支持。而并非用单一的辱骂和争吵甚至动刀动棍地进行胁迫和威胁。

为了证实案主的话是否真实，也为了了解夫妻矛盾的真正症结，社会工作者约见其丈夫郑某长谈。郑某表示，案主与他结婚，主要是想留在宁波扎根，她婚前知道自己与前妻生的女儿户口在原籍，当时她表示没有意见。没想到婚后，她不顾55岁的他强烈反对，取消避孕措施，偷偷怀孕，使他很生气。再生小孩在经济上压力大，搞得他心力交瘁。自己2008年患病后处于休养阶段，她应该在心理上多加安慰体贴，却屡次提出要把女儿的户口迁出去，并且把房产过户给儿子名下。考虑到自己患病，儿子又年幼，她也年轻，有此想法也可以理解，所以自己曾经让女儿写一份放弃房屋继承的承诺书并进行公证，户口暂不迁出。没想到她执意要房屋过户于儿子名下，还以离婚相威胁。郑某因此反感倍增，就对其要求不予理睬，导致夫妻关系持续恶化，自己也觉得筋疲力尽，很希望通过社会工作者的努力，帮助他解决家庭矛盾。社会工作者针对他们的问题提出了一些建议，考虑到案主是外地人，在当地没有亲戚和朋友，又没有工作无经济收入，所以她提出一些要求也在情理之中，希望郑某从妻子的角度“设身处地”地为她着想，协调好她与女儿的关系，在条件许可的情况下，尽量给予对方一些权益上的保障。

第二步：协调。调动服务对象自身及周围的资源，帮助服务对象建立基本处理家庭困境的能力。

社会工作者觉得，要在源头上解决服务对象的问题，还需要与服务对象丈夫的女儿进行沟通，了解具体情况，以及她对后母提出的要求持什么态度。社会工作者与郑某的女儿进行了一次电话谈话，详细告知了他父亲和后母之间的现状，希望她能够共同配合，缓解家庭矛盾。杨某表示，自己对父亲的再婚持反对态度，因为两人年龄相差太大，而且担心房产过户后，后母是否会好好照顾自己的父亲？对于她的担忧，社会工作者从“情、理、法”的角度进行了适时开导，最后她表示：如果后母能真心实意地与父亲过日子，毕竟现在又有一个同父异母的弟弟在，也有必要为他的未来负责，所以她愿意放弃房产的继承权，用自己的牺牲来换取父亲老年生活的安宁，但是因为自己现在北京还无固定住房，而且北京的户口迁移有种种限制，所以户口在近期内无法迁出，希望后母能够理解。

社会工作者把服务对象小曹和其丈夫郑某一起约到社区调解室，进行一次深入的面对面的沟通。双方都把自己的想法和顾忌摊到桌面上，社会工作者再逐条帮他们进行梳理和分析，希望双方都能从对方的角度考虑问题，为对方着想。最后，郑某表示，既然女儿同意，房屋会马上办理过户手续，过户给儿子。案主也表示，自己并非贪图财产，只是想为自己和年幼的儿子争取一些权益，获取生活上最基本的保障，她说自己今后会多注意夫妻生活中沟通的技巧，在生活上照顾好丈夫和儿子，做一个称职的妻母，对于丈夫女儿的户口暂不迁出，她也表示理解。

第三步：结案。通过社会工作者的专业服务，提高服务对象与社会环境之间的适应能力，帮助服务对象恢复和增强社会功能。

因为服务对象的儿子已经就读于幼儿园大班，而且其丈夫身体状况也较好，不需要进行特别陪护，所以社会工作者通过各种途径，为服务对象找到了一份路段管理员的工作，使她有了固定的经济收入，同时社区根据他们家实际情况再给予适当的慈善扶助与医疗救助，自此，案主与丈夫的关系得到缓和，家庭争吵逐步减少。

两个月后，社会工作者进行了回访，服务对象小曹精神状态良好，说话面带笑容，态度乐观，与以前判若两人。她表示，感谢社会工作者给予的专业帮助，自己现在生活稳定、有保障，儿子也一天天地长大，夫妻关系也比以前融洽多了。

五、案例评估

此个案比较成功，服务对象在社会工作者的帮助下，缓解了家庭夫妻之间的矛盾，获得了最基本的权益保障，并找到了工作，解决了心理上、经济上和生活上的后顾之忧。

本次个案工作中服务对象自身求助心切，比较主动，且服务对象的其他家庭成员也能积极配合，这是此个案工作成功的关键之一。

社会工作者发现，案主在处理人际交往的过程中，不善沟通、态度偏激，主观武断，社会工作者还需要从提高小曹的基本素质和思想意识入手，帮助她学会与人相处、沟通的艺术，建立健康的人格，具备基本的社会交往能力，而不是单纯地对其进行物质救助，这样才能达到助人自助的目的。

脱离毒海　破茧重生

乐清市虹桥镇瑶岙社区　张旭锋（社会工作师）

一、案例背景

陈生（化名），男，1974 年出生，初中学历，1998 年和陈美（化名）结婚，育有一子一女。2000 年 8 月因吸毒被强制戒毒 6 个月，2001 年 7 月复吸被劳动教养 2 年，2004 年 12 月复吸被劳动教养 2 年，2008 年 3 月复吸被劳动教养 2 年，2010 年 7 月复吸被行政拘留 15 日，由于身体原因不予劳动教养处罚，责令其接受为期 3 年的社区戒毒帮教，我接手了该个案。

陈生回到社区后，我第一时间联系了他，开始帮教服务。通过与陈生的交谈我了解到，他第一次吸毒是 1995 年，毒龄已有 15 年。当时由于年少无知，对毒品的认识不深，受到朋友的蛊惑染上毒瘾。因为吸毒上瘾，原先在他岳父店里工作的他，挪用加工款去购买毒品被开除。此后他偷家里的钱，向亲戚朋友借钱购买毒品，借的钱也从来不还。回到社区后没有工作，家人担心他复吸，亲戚朋友们对他疏而远之。他已经醒悟到毒品害了自己和家人这么久，从心理上已很讨厌毒品，想彻底戒除毒瘾，但是仍然担心生理上对毒品的依赖，他说："我也想好好生活，但是我不知道该怎么办，我控制不了我自己。"他觉得自己很对不起父母和妻子，也没有尽到做父亲的责任。

通过社区走访，了解到陈生除了吸毒成瘾，人还是挺好的，至少他不偷不抢，也没有殴打父母妻儿。陈生父母身体都不大好，基本上无收入，靠在家种点菜自给自足，家庭收入主要是陈美在她父亲经营的磨床店里打工挣的钱。陈美身体不大好，胃动过手术。

二、问题及资源分析

我们和戒毒帮教小组一起就陈生的问题进行了预估，诊断出其主要存在以下问题。

家庭支持问题：陈生自结婚后由于复吸多次被劳动教养，家里人对他戒毒能否成功也失去了信心，整个家庭主要由陈美一人支撑，对陈美的精神和生活造成了巨大的压力，也对子女的成长造成了一定的影响，加深了家庭成员对陈生的意见。

朋辈群体问题：以前和陈生一起吸毒的人员有很多仍然在吸毒，陈生出所后难免会继续和他们混在一起，很容易受到他们的引诱，走上复吸的老路。

生理依赖问题：陈生出所后对毒品还是有生理依赖，难以抗拒毒品，极易复吸。

经济问题：家庭开支基本上只靠陈美一人的收入，老人赡养和子女教育受到了很大的影响，进而影响家庭氛围。

就业问题：陈生年少时接触毒品，吸毒后又反复复吸，被劳动教养多次，大部分时间都在看守所里度过，没有多少的工作经历和技能，社会适应能力差。就陈生目前的情况而言，他要找到工作有一定的难度，但是他目前急需就业。

对于上述问题，我们首先要做的就是与陈生家人进行一次全面的沟通，做必要的情绪疏导，使他们对陈生戒毒重新树立起信心，为陈生的戒毒过程营造一个和谐的家庭支持氛围。陈生的家庭问题和经济问题只能通过协助其就业解决。目前陈美的父亲给女儿工资待遇不错，陈生本人多次透露希望重回岳父店里工作，但是担心岳父不让他回来上班。鉴于此，我们认为应该去做一下陈美父亲的工作，这样不仅能解决其就业问题，还能加强对陈生日常行为及社交圈子的监督。对于朋辈问题，我们应该联合其家庭成员，加强对他的监督，并对他进行思想教育、责任教育，可以增强其与子女之间的互动，增进感情，使其得到归属感，远离毒友，回归家庭，回归社会。对于生理依赖问题，我们可以协助其办理美沙酮药物维持治疗。

三、制定服务目标与计划

针对陈生的情况，我和戒毒帮教小组制定了长期的服务跟进计划和目标。一是建立家庭支持系统：与陈生的妻子陈美进行面谈，疏导情绪，期望可以关心和支持陈生；灌输陈美成功的戒毒事例，树立其积极的心态；告诉陈美“关爱、不抛弃、不放弃、后续照顾技巧”等内容，营造和谐的家庭支持氛围。二是在征得本人及其家属的同意后，协助办理好美沙酮药物维持治疗的申请、登记、服药等过程；在后续的服药过程中，关注其服药情况的变化作出评估，并实时跟进。三是尽快就业以减轻家庭负担：与陈生岳父沟通，希望能够再度接受陈生，并为他提供一个工作机会；如果陈生岳父不肯的话，可以帮助其参加技能培训，提升就业竞争能力，或为他申请戒毒安置帮教点的工作。四是重建朋辈群体网：加强与陈生家属的联系与沟通，了解其生活状态及社交人群；督促陈生家属加强对陈生日常生活圈的监督。五是使案主树立正确的生活观和价值观，最终达到自我实现的目的：通过面谈，进行禁毒宣传教育，加强陈生对毒品危害性的认识，并强化戒毒信念；进行心理干预，灌输正向积极的心态，给予信心；了解陈生的生活状态，矫正其不良的生活习性。

四、服务实施过程

家人支持　良好开端

在走访中，陈生的妻子陈美在了解我们是禁毒社会工作者后，对我发出了积累已久的抱怨：“他已经无可救药了，这种人本来就不应该放出来”、“你看他这10年有8年待在监狱里”、“家里里里外外就靠我一个人，他回来了我又要多养一个人”，等等。作为社会工作者，我采用了倾听、同理心的服务技巧，让她释放自己的情绪，随后对她进行情绪疏导及心理干预，对其讲述了戒毒成功的案例，增强她的信心，并帮助分析了陈生现在的情况，一旁的陈生也流下了愧疚的眼泪，并对陈美发誓重新做人。陈美要求他写下保证书，并同意陈生参加美沙酮药物维持治疗，并会一起说服父亲让陈生回去工作。最后，我告诉她“关爱、不抛弃、不放弃、后续照顾技巧”等内容，希望他们能为陈生营造一个和谐的家庭支持氛围，同时需要加强对陈生日常生活圈的监督，以及与社会工作者之间的互动联系。

重新就业　远离毒源

经劝说，陈生岳父同意其回来工作，陈生工作后生活步入了正轨。通过几次电话访问了解到，近段时间陈生经常收到一些毒友约见的匿名短信，晚上还经常有人过来找他，陈美怀疑他复吸而争吵。我们召集了陈生家人开了一个小型会议，并当面对陈生进行了一次尿样检测，结果显示为阴性。为了防止这种事件再次发生，在陈生及其家人的同意下，我们共同制订了下一个阶段的服务方案：为了远离原来的吸毒朋友，暂时性没收陈生的手机及手机通信簿，搬到陈美父亲家里居住。陈生工作越来越努力，也坚持服用美沙酮，感到因为家人对他越来越好了，以前回家家人都不大理他，有时吃饭都不叫他，现在可不同了，有时加班晚了，妻子或岳母都会热好菜等他，吃饭的时候都会夹菜给他吃，这使他真真实实地感受到了家人的关爱。我对陈生表示了赞扬和鼓励。

家庭和谐　生活充实

陈生告诉我：“我现在觉得很幸福，我喜欢现在的生活，我不想失去这样的生活，我一定会好好做人，不再吸毒。”我对陈生的生活态度给予了肯定，并表示不会打扰他工作。

这一阶段的陈生，不仅满足了基本的生存和安全感的需求，在情感归属方面也得到了升华。他们现在夫妻感情相当不错，晚饭后他们一家四口经常会去公园散散步，两个孩子见到父亲也是非常开心，会主动给他捶捶背，按按肩。我们还特意邀请他们一家四口观看“6·26”禁毒文艺晚会。

家人肯定　重拾自我

有了家人的支持及社会工作者的鼓励，陈生工作任劳任怨，磨床手艺也越来越纯熟，业务上越来越精通。他岳父打算退休，想把店低价盘给他们两口子，陈生电话告知了社会工作者，他没敢答应，怕生意不好接。为了让他能多一些勇气和自信，以期在自我实现方面得到提升，我选择“认知疗法”跟进，鼓励陈生认识过去，看清自己现在的改变，进而认可、肯定自己。随后他正式接手磨床店，他悄悄地说：“想不到我也能当老板，这可比吸一百次毒还要觉得飘飘然。”我们也因势利导地鼓励他，这时的陈生获得了前所未有的成就感，自我实现方面得到了提升。

脱离毒海　破茧重生

2013 年 7 月初，与陈生为期 3 年的个案服务结束，当我把解除社区戒毒期限通知书交到他手里，他很高兴有东西能证明他戒毒成功，我们也对他提出了要求。陈生打算未来一两年内租个大一点的店面，扩大规模。还想把老家的老房子给盖起来，让父母住得舒服点，以弥补多年的愧疚。最后，他表示希望可以加入禁毒志愿者队伍，在社区进行禁毒宣传教育。

五、评估与反思

此个案比较成功，在社会工作者的帮助下，服务对象的家属重新接受了服务对象，并且营造了一个和谐的家庭支持氛围，为接下去服务对象长期的戒毒过程打下了坚实的基础；整合资源，在服务对象出拘留所不久后就协助服务对象办理了美沙酮药物维持治疗的入组治疗工作；为服务对象在短时间内谋得一份工作（利用服务对象自身资源优势），对于缓解家庭矛盾起到了立竿见影的效果；重建了朋辈群体网，使服务对象从原来的交友圈子中脱离出来，进入到一个新的环境（工作环境、居住环境），交友圈也变成了与工作息息相关的人群；在戒毒过程中，鼓励服务对象以积极正向的心态面对生活，增强其信心，坚定其信念，最终实现了服务对象的自我实现（自己做了老板，经营磨床店）。

服务对象对整个过程表示了相当程度的满意，在服务过程中，能对社会工作者吐露真实的内心想法，矛盾纠结的时候会主动请教社会工作者，开心喜悦的时候也会及时与社会工作者分享，并在结案时表达了希望能加入禁毒志愿者队伍的意愿。

做社会工作需要抓住服务对象的核心问题。本案的核心问题是家庭支持问题，所以本案把重建家庭支持系统作为第一步来做。在服务过程中，社会工作者应多一些支持者、鼓励者、陪伴者角色，和服务对象一起分析事件，鼓励他作出决定。最后，在服务过程中，运用倾听、澄清、肯定、同理心等服务技巧，可以对服务计划的实现起到很好的推动作用，心理疏导及信心鼓励在服务过程中也是必不可少的。

在本案例中，也存在进一步提升和反思的地方：第一，在构建家庭支持系统中，忽略了对服务对象的父母和子女，尤其是服务对象的子女。第二，服务对象因为其岳父这个资源得以迅速就业，反之则很难达成本案目标，这对我继续做吸毒对象个案是一个需要研究的课题。

对老年患者的危机调适

乐清市社会工作者协会社会工作师　施云云

一、案例背景

黄某，男，20世纪40年代出生，新中国成立前家庭成分是地主，生活条件不错，从小接受教育，有一定的文字功底。新中国成立后因家庭成分是地主，不仅家中所有田地被政府没收，还受到乡里人的欺压和冷嘲热讽，因此心中对政府非常不满，满腹牢骚。N年前因与乡邻发生纠纷，摔坏了腿，生活每况愈下。

因生活困苦，黄某40来岁才娶了一个智障老婆，育有一女。现今黄某腿脚不便，日常生活自理能力较差。夫妻两人生活非常艰苦，每天就做一顿饭吃三餐。女儿已长大并嫁人。黄某自己则患有青光眼和白内障很多年，因家庭经济困难没去医院做手术，不久前才从好心人处借钱做了手术。

黄某老伴，本就智障，平日沉默寡言，年纪大记忆衰退，老年痴呆等病更加严重。N年前腹部疼痛，去医院检查发现患有疝气瘤，但因家庭经济困难没钱医治。黄某上年听闻如果家庭条件困难可以申请医疗补助，去社区申请时因手续不全未能办理。疝气瘤长到排球大时，有热心人士的资助成功做手术切除。黄某心中既有对政府的强烈不满，也有对热心人士的感激。

二、案例预估

社会工作者根据前期与社区工作人员和驻村干部沟通了解情况，到服务对象家中调查生活现状，并结合对其本人的访谈，初步分析了服务对象目前面临的问题主要集中在以下几方面。

家庭环境方面：黄某和他老伴年事已高，居住在破旧的木结构老屋里，屋内常年阴暗潮湿，透风漏雨，终日不见阳光，屋内甚至连电都没有，晚上仅靠蜡烛照明，条件十分恶劣。

经济环境方面：由于服务对象未曾参加过工作，无劳保，也未申请低保、医保，经济条件非常差，加上女儿自身生活压力巨大，未在经济上对父母进行接济，因此夫妇俩只能靠捡破烂维持基本生活，有病不敢医。

社交环境方面：由于服务对象一直对社区工作人员和驻村干部抱有敌意，无正常交流。服务对象目前的交往人员主要就是周边的老年人和几位好心人。

生存环境方面：由于黄某居住位置偏僻，交通不方便，社区工作人员较少上门走访，生活困难无人问津，驻村干部对此信息掌握不全，导致低保信息未上报，黄某夫妇基本生活难以维持。

从以上几个方面的情况来看，社会工作者在本案中的主要作用在于根据服务对象目前的生活困难情况，帮助服务对象申请低保、医保报销等，为服务对象的基本生活提供最有利的资源，从而释放服务对象对政府的负面情绪，缓解他的心理压力，并引导老人与女儿建立新的生活方式，使其融入社区生活。

三、工作目标

（一）总体目标

帮助服务对象平稳度过由于生病带来的经济危机时期，避免服务对象潜在的非理性行为转化为现实，并恢复老年人身份认同和认知能力以适应社会发展的需要，从而改善自我困境。

（二）具体目标

1. 做通其女儿女婿的工作，并改善他们间的关系。

2. 帮助服务对象申领最低生活保障，解决他的生活困难问题。

3. 引导服务对象接触社会，促进其与社区工作人员和驻村干部的良好沟通。

4. 正确引导服务对象宣泄情绪，学习处理压力的技巧，并给予其及时的心理疏导，避免可能出现的应激性心理障碍。

四、服务策略

根据以上服务目标，社会工作者将具体的介入计划细分为如下几步。

一是电话联系服务对象的女儿女婿并上门与他们进行面谈，了解他们的想法，让他们意识到“百善孝为先，家和万事兴”的道理。

二是与服务对象一起澄清自身的问题及需求，向其讲解低保、医保政策，消除其对政府的误解，引导其与社区工作人员和驻村干部的正常交流。

三是引导服务对象多参加社区活动，学习如何与人交往，加深对社会的正确认识。

四是继续跟进服务。

五、服务计划实施过程

具体的介入过程主要包括依次推进的六步。

（一）借助社区资源，收集服务对象的间接资料

考虑到服务对象接案前对社会工作机构和社会工作者服务没有充分的信任的实际情况，故在预估和制订服务计划期间，社会工作者通过电话和面谈这种方式多次与服务对象取得联系，整合各方资源，对服务对象进行心理疏导和帮教支持，使之了解政府的各种惠民政策，并完成接案前的一切准备工作。

（二）利用家庭亲情，解决服务对象与家人的交流问题

社会工作者在社区干部的带领下来到了服务对象家中，带女儿女婿

与其见面，服务对象回避。社会工作者通过与服务对象的女儿女婿面谈，女儿讲述了当年父亲因邻里纠纷致疾而后埋怨社区工作人员和驻村干部对此事处置不公，从而一步步对政府产生怨恨，拒绝与他们交流的缘由。社会工作者也发现其女儿在内心对父亲的残疾、母亲的智障、家庭的贫困存在错误的理解和嫌弃，认为父母没有给自己创造好的生活条件、学习条件，导致自己现在生活得不如意，与父母的感情并不是很好。社会工作者听后运用同理心向其介绍自己及其他人在某个特殊时期都会有这样的攀比心态，但如果把这种错误认识强加到父母身上，那就是不成熟的表现。社会工作者希望她能从另一个角度看待父母养育她的不容易，并向她灌输家对一个人成长的重要性，希望她扮演好女儿的角色，孝敬父母，也希望他们通过自己的努力，使自己成为父母的富孩子，孩子的富爸爸富妈妈。老人的女儿意识到自己的错误，感到非常后悔与羞愧，表示在今后的生活中，一定会和父母多沟通交流，改掉不好的坏脾气，做到“子不嫌母丑”。

（三）整合志愿者资源，协助服务对象报销医疗费用

社会工作者陪同老人一起来到社区了解老人的新型农村合作医疗保险参保情况。查询得知在 2012 年底社区已为老人办理了新型农村合作医疗保险手续，可以凭治疗发票报销。社会工作者又与服务对象的女儿联系，询问发票事宜，其女儿非常爽快地把医疗费用发票交给社会工作者。最终，老人报销了 60% 的医疗费用，接到医疗费用报销款时笑得合不拢嘴，直言感谢政府的好政策，感谢社会工作机构和社会工作者的帮助。

（四）发掘社会救助功能，协助服务对象申请慈善救助

因服务对象经济条件十分困难，社会工作者在与服务对象交流沟通后，陪同前往市慈善总会咨询，申请慈善救助。后转至街道慈善分会，工作人员调查核实后，服务对象的慈善补助款顺利得到批准。接到慈善补助款的那一刻，老人热泪盈眶，直言感谢政府好政策。

（五）整合政府资源，协助服务对象申请低保

社会工作者了解到服务对象未曾参加过工作，无劳保，可能属于低保范围。在社区工作人员调查、核实后，按程序层层审核后，服务对象的低保申请如愿得到批准。老人在得知消息后紧紧握住社会工作者的手，感谢社会工作者为他搭建的爱心桥梁。

（六）继续跟踪服务

社会工作者将服务对象的医保、低保及慈善补助款都落实后继续跟踪服务对象。最后家访时社会工作者看到服务对象在一边劳动，一边与人交流，生活能力和生活质量大大提升，能够与邻里融洽相处。与服务对象再次交谈时，发觉其对政府有了正面积极的评价，并一再强调正是因为政府的好政策，才使他现在的生活状况大大好转。

六、案例评估

本案中，社会工作者采用了观察法、影响性技巧及目标实现程度等评估工具，运用了平等、尊重、接纳的态度，以及助人自助、案主自决的工作原则，与服务对象建立了良好的专业关系。社会工作者从改善服务对象的外围关系即社会环境入手，帮助服务对象融入社会，学习如何正确面对问题、如何为社会所接受。在工作中，社会工作者通过子女关系的改善、医疗费的报销、慈善的补助、低保的落实、社会的接触，使服务对象逐步走上自助的健康发展道路。因此，总体来说，本案达到了预期目标。

七、理论基础

根据以上分析，服务对象在短期内无论是心理和日常生活适应都处于危机阶段，因此本案采用危机调适的治疗模式，辅以理性情绪行为治疗模式。

危机状态是有时间性的，处理危机必须要迅速、主动，这就是危机调适模式短期处理的本质。通常而言，危机过程分为三个阶段：首先是

冲击阶段。个体遭遇压力，带来身心的极度不平衡，用其所熟悉的应变方法去处理和应对却显得极其无效，此时个体内心充满震动、慌乱、惶恐和否认。其次是退却阶段。个体感受到失落、生气、羞耻与愤怒的不愉快情绪，继而从日常生活中退却，感到人生乏味、无力应对，依赖性增强，并产生失眠、激动及疲乏等症状，严重者甚至有自杀倾向。最后是适应阶段。发掘新的适应能力来面对危机以达到平衡。

根据以上理论认识及服务对象的情况，本案分为三个阶段进行治疗。

一是情绪释放阶段。老年人在危机初期有着很强烈的情绪表达和情绪管理需要，因此运用同理心接纳其混乱的情感和非理性负面的态度及行为。这一阶段，社会工作者尤其要调动各种资源，特别是服务对象家庭以及机构内部资源，从多方面表达对服务对象的关心和支持。

二是认知重建阶段。社会工作者与服务对象一起系统性叙述问题，修正认知方面的观点，并借此将服务潜意识的、没有经过整合从而容易产生偏差的认知进行重建，客观地建立起对危机的正确认识。帮助服务对象正确了解康复的长期性和阶段性的特征、日常生活中需要注意的问题以及自我解压的技能等。

三是发展新的因应行为。这是治疗过程中最为复杂的一项任务，社会工作者需要根据服务对象的实际情况并综合服务对象资源逐步探索，以帮助服务对象发展新的生活方式和交往方式。

值得注意的是，这三个治疗阶段没有明显的时间界限，需要在整个服务过程中根据服务对象的情况综合运用，只不过随着服务对象状态的发展，各阶段的主要任务会有不同的偏重。

八、专业反思

首先，专业关系的建立是开展个案的前提与基础。在该案例中，社会工作者将谈话的主要地点选择在老人的家里，这样可以让老人在心理上感到十分安全。而后通过协助老人一起办理各种社会保障手续，获得老人的信任，了解到老人的内心想法，从而在心理上对其进行疏导，释放他的情绪，缓解他的心理压力，使之与人正常相处。

其次，根据实际情况及时调整设定目标是个案成功的关键与保证。在制订服务计划之前，社会工作者遵行了综合分析的原则，先对服务对象目前的情况作了一个简单的分析与评估，找出服务对象的问题所在、造成问题出现的根源有哪些及需要解决的是哪些问题等。而在计划的制订过程中，社会工作者根据服务对象的实际情况设定目标，以达到操作化的层次。在服务计划的实施过程中社会工作者扮演了多重角色，提供诸如相关资源、心理辅导等服务。

本案例主要解决了服务对象以下的三个方面的问题。

一是社会人格的不健全与家庭资源的匮乏。本案服务对象在人格上具有一定的障碍性，阻碍了服务对象正常融入社会。因此，矫正服务对象的人格缺陷、健全其外在的社会功能应是本案介入的重点，而这项工作的完成与服务对象家庭这个最基本的资源有很大的关系。

二是社会排斥与社会资源匮乏。服务对象在日常生活期间与女儿关系疏远，使服务对象内心产生挫败感，而因对政府不满，对社区干部存有敌意，使服务对象对政府的各种优惠政策不了解，使服务对象没有安全感、归属感。因此，帮助服务对象融入家庭、减少对社会的敌意排斥是很关键的环节。而这个目标的达成，则是与众多社会资源有非常密切的关系，比如社区资源、慈善部门、民政部门等等。

三是重塑家庭亲情教育。与服务对象的女儿女婿多次交流沟通后，他们虽然意识到过去对父母的不孝行为是非常错误的，但其所作所为还需要提升。他们承诺在今后的生活中会逐步从经济上和精神上承担起赡养父母的责任。这也是社会工作者今后继续跟踪服务的重点。

值得注意的是，这三个问题的困扰及其解决都与服务对象的自决有非常重要的关系。本案对社会工作者最大的启示就在于：一名合格的社会工作者应该充分发掘并整合服务对象的自决能力，这种能力在很大程度上决定了社会工作开展的成效。

一个外来媳妇的家庭社会工作个案

苍南县益家社会工作事务所　吴珍珍（社会工作师）

一、案例背景

服务对象小秋（化名），1988 年出生，中专毕业，育有一名女儿，四个月大。丈夫阿康（化名），高中毕业，从事协警工作。婆婆，文盲，共生育两男两女，在家处于主导地位。小秋是婆婆家二儿媳妇。

案主一家住在一间 5 层楼民房，屋内共居住 11 口人。案主一家三口居住在四楼。因为是未婚先育，外来媳妇，婆婆原本不同意这门婚事，出生的女儿，更是让王婆婆感到失望，常常冷眼相待小秋。这一切让小秋感觉在这个家受到歧视、不公平待遇，完全没地位。丈夫阿康是协警，经常要值夜班，工作忙碌。各种矛盾使案主处于超负荷压力之中，因常常头疼并晕倒过几次，最后被医生诊断为抑郁症。与老公吵架让案主常常有离婚、自杀的极端想法。

二、问题预估

小秋在被诊断为抑郁症后没有服药治疗，而是求助在居委会妇联的朋友，并接受朋友的建议向社会工作者事务所求助。小秋的主动求助方便了社会工作者开展预估。在与小秋进行了两次电话访谈、QQ 交流后，制定了家庭问题调查表、幸福指数问题、家庭结构图要点和情绪测试量表，并约小秋单独面谈。

通过对资料的整理和案主及其家庭人员的沟通，社会工作者归纳出本案的几个问题。

（一）家庭生命周期转换不适应

小秋从恋爱期直接过渡到育儿期，男女双方原有的“二人世界”被打破，小秋无奈放弃老家工作来到龙港与阿康家人一起生活。宝宝的出生，婆媳矛盾加剧，对他们夫妻二人，对家庭，对事业，产生了巨大冲击，他们夫妻没能适应。

（二）对家庭结构变化的不适应

原本小秋一直与自己父母生活在一起，直到小孩快要出生的时候才回到阿康龙港家中。宝宝的诞生，让小秋加入了这个联合大家庭生活。家庭结构转换过快使家庭成员无法立刻找到自己的家庭角色位置，无法完成角色转换。

（三）家庭沟通障碍

由于小秋是外来媳妇，性格内向，没能融入阿康的家庭，互动不多，阿康家里说方言，小秋听不懂，老觉得自己是外人，又没有朋友，每天一个人忙着照顾女儿，又被婆婆冷语相待，压力得不到疏解，因而将压力全部发泄到阿康身上，对阿康的态度越来越冷淡。同时，阿康由于工作压力和家庭氛围不和谐变得不爱说话，不想回家。整个家庭的方式以负面否定为主，并伴有不文明用语，由此产生了严重的家庭沟通障碍。

三、工作目标

（一）近期目标

1. 减少语言对家庭成员的伤害，夫妻双方禁止粗暴的语言，禁止使用冷暴力，停止“冷战”。协商讨论决定家事，以大局为重。

2. 通过看书、查阅资料了解基本的抑郁症的常识，撕掉“抑郁症”的标签。

（二）中期目标

1. 增加夫妻双方的正面沟通，减少指责和批评，增强对彼此优点、长处的观察力，并增加正面语言交流的次数，开发、及时、有建设性地处理彼此的不同意见。

2. 协助案主参加，阅读或观看现代育儿知识，了解科学的育儿知识，并在生活中实践。

3. 调节婆媳矛盾，转变婆婆重男轻女观念，协助案主学习协调好重要朋辈关系的技巧。

（三）长期目标

1. 协助案主适应新的家庭生命周期的角色转换。

2. 协助案主与其家庭成员进行有效的家庭沟通。

3. 学习经营幸福家庭的方法和技巧，并付出行动。

4. 协助案主积极融入社区，参加社区活动，扩大社交范围，真正适应当地生活。

四、介入策略

社会工作者介入的首要任务是营造一种和谐的家庭氛围，以利于促进案主家庭其他功能的恢复。社会工作者没有急于对小秋和其家人作任何价值判断，回避家庭问题。通过社会工作者本人真诚、关怀、尊重、接纳、平等的态度来改变案主家庭，促进小秋家庭具有面对困难的能力。

（一）家庭社会工作

每个家庭都有利用家庭资源创造自我家庭模式的潜能，并在日常生活中增强家庭功能、改善家庭关系和解决家庭困难，从而促进家庭的正常运转及发展。

（二）帮助案主了解家庭生命周期中育儿期的特殊及任务

家庭在新婚期完成了夫妻角色的认定和姻亲关系的协调，而从宝宝出生到入学这个时期是家庭的育儿期，夫妻角色转换为父母角色，家庭的财务开支增大、劳务劳动分工协作、事业与家庭之间的精力分配、宝宝的成长教育都是家庭这一阶段的主要任务。

五、工作过程

第一节：预估和制订服务计划期间，社会工作者通过电话和 QQ 交流两种方式与案主取得联系，对案主进行心理疏导，并完成接案前的一切准备工作。针对的案主被诊断为抑郁症情况，社会工作者特意为案主设计了一套问卷，以此来判断案主的基本现状。但此阶段王婆婆和阿康没有接受社会工作者的家庭辅导，主要原因是其持有“家丑不可外扬”的观点。

第二节：与小秋第一次面谈。这次面谈主要是完成接案、预估和确定服务目标三项任务。由于小秋身体情况的关系，对自身所处的家庭环境无法很清楚地表达，只能用“糟糕”、“很差”和“绝望”等词语来表达自己的感受。在社会工作者的协调和引导下，小秋开始正面分析自己目前的处境，不再以离婚、自杀为唯一出路，与社会工作者一起制定了家庭和睦的五个目标，并明确要为了达到自己的目标做出努力。

第三节：小秋在接受社会工作者的第一次面谈后，开始主动与阿康沟通。由于阿康不愿意离婚，并有使家庭和睦的强烈意愿，因此也接受社会工作者服务。其间，阿康看到妻子的改变，对社会工作者表示了充分的信任，积极配合，并同意家庭服务目标协议，承诺不再不回家，不再爆粗口，要努力扮演好新的家庭角色。同时愿意站在支持小秋的角度，从家庭大局考虑问题，做好父母与她的沟通，让父母接受自己的媳妇。除了面谈外，社会工作者还与案主通过 QQ、微信交流，让案主疏解自身压力。

第四节：小秋和阿康分别完成服务期间的家庭作业，如停止一切不文明举动、语言，学习抑郁症的知识，参加现代育儿方法的培训，记录每天的心情等，夫妻这段期间矛盾缓和。社会工作者在此阶段发动居委会妇女主任与王婆婆交流，了解王婆婆对小秋的看法，除去因小秋是外地人这个心结。其实王婆婆认同小秋是个肯吃苦的好女孩，渐渐地接纳了小秋。

第五节：服务过程中，社会工作者感受到了小秋对社会工作者的依赖以及态度的不稳定性，特地制定了“每日行动指南”协助她学习正面表达和接纳阿康与王婆婆。社会工作者也向家庭成员传递了“助人自助”的理念，减少对其家庭生活的介入，并使小秋保持进步。

父亲节前，社会工作者建议小秋给阿康买一件礼物，以改善夫妻关系，小秋接受了这个建议，夫妻关系正向发展迅速。同时，通过妇女主任的努力，王婆婆在宝宝 4 个月的时候给宝宝买了衣服同时也给小秋买了衣服，婆媳关系得到缓和。

第六节：服务过程接近尾声，案主对目前的现状表示接纳、认同，通过逐一对照服务目标协议，已自觉完成全部目标。社会工作者对其做出的努力给予肯定。

第七节：社会工作者在回访中了解到，村里分了房子，半年后小秋将有自己一家三口独立新房，而且离王婆婆家不远，方便王婆婆照顾宝宝，这让小秋很高兴。到此，服务全过程结束。

六、结果评估

小秋最终的回归家庭和阿康对新角色新的认识，使他们都在家庭中、在接受个案服务的过程中成长，并从中获得了回归家庭的快乐，感受到家庭的力量。

在个案服务过程中，社会工作者主要做出以下几项工作。

一是挖掘家庭核心成员自我解决问题的能力，并用情感支持和鼓励的方法巩固成果。本案的最大优势在于小秋和阿康都能积极配合社会工作者，努力使家庭走出困境。在此过程中，社会工作者也充分发挥案主夫妇俩的自助能力。

二是优势视角。阿康和小秋自己都认为案主患有轻度抑郁症。社会工作者向其及时传递优势视角的信息，使其撕去“抑郁症”的标签，看到自身的优点，突出各自的能力，以增强夫妇俩克服家庭困难的信心。

三是整合社会资源，借助社区力量改变王婆婆轻视外来媳妇、重男轻女的思想，帮助小秋一起养育宝宝。同时，增强小秋社会参与度，空闲时参与社区活动，例如参与“社区幸福妈妈社区行”活动，与新婚妈妈一起学习育儿知识。

四是案主自决。在进行家庭互动模式演示的过程中，社会工作者没有强迫小秋完全按照演示中的模式行动，而是给小秋自决的权利，使小秋认同后自行思考，并采取自己可以做到的方式与阿康互动。

七、工作感想

以外来媳妇家庭为服务对象的个案，对社会工作者服务的有利资源有以下几个方面：首先，家庭是一个互动系统，当一个成员不适应的时候，家庭其他成员可以不计得失地为这个成员的改变付出努力；其次，家庭中的姻亲关系、血亲关系增加了家庭共同克服困难的力量；再次，家庭中的每一个成员都本能地对家庭产生依赖，这种依赖有利于家庭的团结和互动；最后，家庭一旦战胜了这一阶段的困难，这个过程和结果都是巩固家庭黏合剂。

当然，以家庭为服务对象的个案服务也有不利因素，主要包括：一是家庭是一个环境，家庭成员是这个环境中的重要元素，社会工作者协助一个人改变思想可以做到，但是改变一个环境非常困难；二是由于家庭成员的出生环境、生长环境各异，导致其价值观大相径庭，社会工作者在说服家庭成员之间彼此宽容地接纳对方的价值观的同时，要保证社会工作者自身接纳这个家庭每个成员的价值观，并不持任何偏见的态度。

家的肩膀——家庭照顾者互助支持小组

浙江工商大学社会工作系　陈露　孙蕾（实习社工）
嘉兴市南湖区新兴街道文昌社区　顾其花（助理社会工作师）
盛云花（助理社会工作师）

一、背景资料

小组名称："家的肩膀"家庭照顾者互助支持小组。

小组性质：家庭照顾者互助支持小组。

小组周期：7月16—21日。

小组共聚会次数：4个单元。

参加者人数：5位。

参加者特征：在家庭中长期全职承担照顾重病老人或者残障孩子的女性照顾者，精神、生理负担大。

二、需求评估基本概况

随着人口老龄化的加剧、社会风险的增加，失能老年人群体和残障群体数量正在不断增加。对于他们的家人来说，这无疑是沉重的负担，他们承受着长期大笔的医药开支等经济负担的同时，自己长期辛劳也有一些病痛，更重要的是他们承受的精神压力，长期照顾累积的负面情绪、对被照顾者未来的担忧、他人的歧视，缺乏参加社交活动、发展兴趣爱好、外出锻炼的时间，加剧这种压力并得不到释放、社会功能下降，容易造成悲观的人生态度，最后不利于这个家庭生活质量的提高。在文昌社区有许多这样的家庭照顾者，所以采用小组工作的方法介入，帮助老年照顾者在身心状态、社会支持、照顾技巧有所提高，帮助他们建构具有同质性的社会支持网络，形成情感上的共识和慰藉，让他们在相似性中相互沟通和学习，并且通过彼此的回馈作为强化正面情绪、树立积极人生观的方法。

三、运用的基本理论

（一）社会功能理论

社会功能是社会工作的核心概念，是指一个用来描述人与其所生活的社会环境的关系的社会工作专业术语，个人或社会小组的基本需要被满足以及成为一个有为的社会成员的过程和状态。社会工作的重要目标之一就是通过“赋权”来恢复和提高个人的社会功能，特别强调个人与社会的良性互动，在家庭照顾者小组中，组员得到一个场所得以适当扮演社会角色是对他自身社会功能的恢复和提升，例如，有着负面情绪的组员可以在承担开导、劝慰他人的角色上获得自我的思考和自我开解。

当一个人的社会网络中具有强大的社会支持力量或众多社会资本时，就可以很好地面对问题，提高自身的能力。在这个小组中，社会工作者协助组员构建一个新的社会支持网络，增加她们的社会资本，帮助她们更加充分地认识和利用身边的资源，面对困难、解决问题。

（二）社会学习理论

班杜拉的社会学习理论认为人的行为、思想、情感反应方式不仅受直接经验影响，同时也在对他人行为的观察和评价中习得。在这个家庭照顾者小组中，有些人精神压力很大、负面情绪多，在社会工作者正面强化和引导下，这些人可以习得并且巩固一些积极情绪和行为，从而在小组后组员也能够延续正面、积极的态度和行为。

四、介入过程分析

整个小组介入过程主要有五个阶段：前期准备、小组初期、小组中期、小组后期。

（一）前期准备

在社区盛阿姨的帮助下，多次上门探访了解了5位潜在服务对象基本情况以及需求，建立了初步的信任关系。一开始她们并不认同我们的活动，认为是浪费她们的时间因而拒绝我们小组的邀请。我们发现她们拒绝的客观原因——时间安排问题上，根据她们的时间我们调整活动时间和频次，或者请其他队友帮忙照顾（孩子），解决她们的后顾之忧。在更深入了解她们的情况并且进行归纳时构建了她们的共同需求，配套以共同的目标和相应的活动计划。值得一提的是，我们把我们个案工作中照顾智障三级孙子的T奶奶也放入小组。

（二）小组初期

主要目标是让组员之间彼此熟悉，建立初步的信任关系，并且大家共同确定小组的目标和规范。以击鼓传花的方式让组员在轻松愉悦的气氛中进行自我介绍，包括姓名、照顾谁、身体情况、家中其他的成员、兴趣爱好、希望在小组中有何收获。有3位组员是附近邻居所以比较熟悉，但对于来自另一社区的T奶奶和年迈少出门的L奶奶来说是比较新鲜的体验。“左右手交叉游戏”让老人都能在游戏中动起来，锻炼反应能力。再通过开放式讨论确定小组目标和小组名称，组名为“家的肩膀”，意在赞美照顾者在家庭中的支柱作用。通过讨论的方式可以增加小组成员对小组的认可度和参与度，培养小组意识。接下来是我们的分享环节：组员回忆一件与被照顾者开心的事，引导组员回忆日常照料的愉悦感、被需要的责任感，给以正面情绪的强化。最后布置家庭作业：让组员和家中的被照顾者一块儿回忆以前开心的事情，以加强照顾者和被照顾者的积极沟通。

小组变化：一开始组员中认识的两三个一起扎堆聊天，在自我介绍和热身游戏之后，陌生组员之间多了一些交流，形成初步的团队结构。

技巧：①当组员发言时，社会工作者用关注、倾听的技巧，引导其他组员也尊重发言的组员。②社会工作者积极回应组员的提问，比如

“左右交叉游戏”的游戏规则。③社会工作者鼓励在游戏环节中出错的老人，让她们多试几次，采取非批判态度。

（三）小组中期（包括第二次、第三次聚会）

第二次聚会的主要目标是关注组员身体健康，进一步促进组员交流、增强小组凝聚力。首先是热身的游戏，“盲人吃香蕉”，两人蒙眼面对面而坐，各自剥香蕉皮，靠感觉将香蕉送入对方口中，先吃完的为胜，这个游戏引发笑声不断，活跃小组气氛的同时也达到了加深组员认识，增加彼此信任的目的。接着是组员分享自己健康养生经验，通过大家分享讨论出“多锻炼对身体最有益”，紧接着社会工作者分享养生八字诀“童心、龟柔、猴行、蚁性”，获得了组员们的肯定，组员们还主动开展了讨论并且阐述了自己对八字诀的理解。最后社会工作者播放视频教授经络操，增强大家健康生活、坚持锻炼的意识，大家都非常认真地跟随视频做操，T奶奶和R阿姨尤其投入地在模仿视频中的动作。最后我们分发了经络操的图解文档，让大家回家去学会做经络操。

第三次聚会主要目标是协助组员梳理现有的社会关系资源，巩固组员之间的支持系统。首先是有直接肢体接触的“报纸生存”，两人同时踏上报纸，随着报纸一次次对折，难度加大，成员间必须紧紧拥抱。“吹乒乓球”，两人比赛吹乒乓球，吹到对方阵营落下桌子者获胜，通过这样的简单的运动，让成员在快乐的氛围中自我放松，通过肢体的接触，加强成员间的亲密感。接着又是分享的环节“谈谈我的朋友”，说说自己的朋友和交友标准，这是为了帮助组员梳理自己的支持系统，同时加深成员间信任和友谊。

小组变化：组员能够开始自主地推动活动进行，在分组、活动推进中都会主动发言提出一些要求，说明组员自主性在增强，社会工作者角色正在边缘化。组内相互支持，不仅是情感上的分享，成员之间还出现资源链接、分享，给一些组员带来潜在的物质帮助。

技巧：一是肯定和鼓励弱势组员，T奶奶是另一社区的居民，较为陌生，社会工作者适当多关注她，进行肯定和鼓励。二是社会工作者扮演协助者角色，减少对小组的控制，让组员充分自决，如在游戏中依据组员意愿选择继续游戏或者是进行下一环节。

（四）小组后期

巩固小组工作成果，妥善处理组员离别情绪，帮助组员有成就感地离开小组。游戏“运气球”，两人抓着彼此手臂用肚子把气球夹到终点，通过肢体的接触，加强组员间的亲密感，放松组员的身体和情绪。游戏“画家和指挥家”一个人被蒙上眼睛；另一个人指挥同伴，在指定的地方为人像画上五官，考验组员间沟通效果、优化沟通方式。接着是小组总结和讨论的环节，在社会工作者的带领下，组员交流在小组中的收获与感受，针对小组活动给予自己的建议和下一步自己的打算，是促使组员反思参加小组后的自身变化，巩固在小组中的进步，此外组员间的相互赠言和社会工作者离别赠言，处理离别情绪，让组员能够快乐地享受新生活，在分享中大家对“身体健康”这个祝福最为赞同，让组员 T 奶奶也认识到“身体健康”是很好的财产，体现社会学习理论中人可以从他人评价中习得某种信念。最后，应她们上次聚会的要求，我们两个社会工作者为她们唱了一首《那些花儿》，祝福她们身体健康、天天开心。小组在这样的歌声中结束。结束后，X 阿姨还特别对 T 奶奶给出了她的祝福：“好好带这个孙子，可以很好的!”两天后，社会工作者还一户户上门为组员送去了合照和通信录，给大家布置家庭作业，给其他组员打电话，大家收到合照都十分开心，表示会电话联系其他组员。

小组变化：组员之间融合度很高，小组共同探讨出的东西对每个组员都有着约束的作用，会成为组员一些行为的指导。

技巧：一是正面强化组员的积极情绪、好的改变。二是引导组员以后生活中继续维持、巩固小组成员间的支持系统。

五、专业反思：介入绩效评估

（一）目标达成分析

帮助老年家庭照顾者在小组中开放自己、相信他人，相互支持相互陪同，使得这些照顾者在身心状态、社会支持、照顾技巧有所提高，帮助她们建构家庭照顾者小组这样一个社会支持网络，组员之间形成情感上的共识和慰藉，她们在相似性中相互沟通和学习，并且互相形成正能量影响。从最终活动中可以看出，小组目标基本达成。

（二）服务对象成长分析

X 阿姨，53 岁，照顾无法站立、无法说话的脑瘫女儿将近 30 年，时刻要陪伴在女儿身边，没有时间参与各种文娱活动，生活沉闷无趣。在小组聚会后，她表示像是回到儿童时期一样玩得很开心，增加了许多社会交往的机会，比以前更开心。

S 阿姨，54 岁，长期照顾类风湿性关节炎而无法行动的老父亲，自己身体状况也不太好，缺乏娱乐和锻炼。在小组聚会后，学会了经络操，可以在家做些简单锻炼。

L 奶奶，71 岁，照顾身患癌症的丈夫，丈夫耳朵听力不好、思维迟钝，无法满足奶奶的沟通需要，奶奶有着很大的精神压力和悲观情绪，自己常常觉得疲惫不愿意站起来。参加小组后，她总能够参与各种有些运动量的游戏并且享受其中，缓解了压力，发泄了情绪，感觉到开心多了。

R 阿姨，52 岁，一直照顾卧病在床的父亲，有搓麻将的爱好，在小组活动中，她一直以活泼开朗的形象影响他人，小组聚会也增添了她生活的乐趣和助人的成就感。

T 奶奶，62 岁，一手将智障三级的孙子抚养到 9 岁，儿媳离开家庭，儿子不管孙子并且对她的辛苦付出冷言对待。T 奶奶一直有很大的精神压力，虽然喜欢歌舞但在家带孙子让她没有时间出去跳舞，长期负面情绪的堆积导致她产生悲观的人生态度。小组聚会后，在相似经历组员的鼓励下，她得以发泄情绪、缓解压力，构建了新的社会支持系统，让她减少社交的自卑感，拥有更多积极乐观的情绪和态度。

（三）整合的各种资源分析

1. 场地资源借到老年食堂，桌椅齐全、空调凉快，并且距离几位组员家最近。

2. 社区工作人员盛阿姨在我们招募小组成员时提供了大力支持。

3. S 阿姨表示愿意介绍 T 奶奶在社区中、医院中当临时护工，为 T 奶奶链接资源，为她提供潜在的物质帮助。

（四）自我成长分析

建立这个小组的想法萌生得比较晚，那时候 T 奶奶个案进入瓶颈，因为一直不能和她儿子很好地接触和沟通，所以我们对于 T 奶奶的介入更多是心情的疏导，实际上我们可以看到这样的介入是很单一的，并不能起到好的作用。后来督导马老师建议我们把个案放入小组，我们便着手去挖掘小组潜在的服务对象，深入了解服务对象。然而因为家庭照顾者承担的照顾责任太重，时间很难重合，加上我们第一次邀请 T 奶奶进入小组遭到拒绝，我们心灰意懒，几乎放弃这个小组。后来在我们花了一天时间，协助 T 奶奶去残联帮智障的孙子办理残疾证、爱心公交卡之后，终于真正取得 T 奶奶的信任，她答应加入小组。同样的我们不懈地努力到潜在服务对象家里去拜访，也寻找其他同学支援，终于抽出了几个下午的时间开展这个小组。这个小组的产生确实是一波三折，但庆幸的是，小组做下来十分顺利，T 奶奶在这个小组中收获很大，给我们个案工作带来了一次大转机。这个小组教会了我们坚持，教会我们走不通时可以换个角度思考，这是宝贵的一次实务经验。

六、典型事件分析

在一次分享过程中T奶奶提到自己没有经济来源，自己和孙子只有丈夫每个月1000多元的工资维持生活，S阿姨马上热心地建议T奶奶到医院或者社区里做护工，每个月也有2000多块，可以一定程度缓解经济困难。S阿姨耐心又全面地与她分析做护工的优劣，让T奶奶觉得非常感动，她对S阿姨的信任和好感大增，另一个R阿姨也参与进来，小组中的支持系统发挥着它的特殊作用，相信日后她们还是可以延续这样成为家庭照顾者小组成员的支持网络。

助自闭少女回归正常生活

余姚市阳明街道富巷社区　施燕艳（助理社会工作师）

一、背景资料

李某，女，13 岁，性格内向，因父亲出轨导致父母情感破裂离异，李某归母亲抚养，失去顶梁柱的家庭经济条件一落千丈。李某父亲离异后重新组织了家庭，不再联系。李某母亲初中毕业，原先是一名家庭妇女，没什么工作经验。为了肩负起这个单亲家庭的重担，她只能做临时工，月收入仅 800 元左右，生活举步维艰。由于忙于生计，无暇照顾女儿，李某的需求不能向母亲转达。在学校，李某经常认为同学在议论自己，在强烈的羞耻感和自卑感作用下，原本就性格内向的她开始疏远同学、老师、亲人，平时不与别人交谈，每天回家李某都独自一人待在房间。因内心长期处于抑郁状态，李某出现了失眠、情绪低落、不愿与人交流、暴力等症状，学习也因此受到影响。情绪激动时，李某甚至会对母亲实施虐打，并自残甚至自杀。

随着情绪的不断恶化及心理压力的不断增加，李某于 2011 年初在母亲陪同下看心理医生，诊断患有自闭症、抑郁症，经过一段时间的治疗情况有所好转，由于负担不了昂贵的医药费，在心理医生的鼓励下李某母亲于 2012 年 3 月寻求社区帮助。

二、个案问题

经过接触，社区工作者发现案主的问题主要是由父母离异导致的心理问题，问题评估如下。

表征问题：自卑感强烈，存在一定程度的自闭、抑郁，头痛、失眠，影响正常学习、生活；情绪极易失控，存在暴力倾向；有强烈的自残、自杀极端心理。

潜在问题：李某是一个自尊心特别强的女孩。父母离婚后，原本向外界建立起来的家庭形象瞬间破碎，生活经济条件也随之一落千丈，李某看着他人家庭的幸福及优越的生活条件认为自己无法同周围的同学相比，并为自己父亲出轨而感到丢人、母亲没有光彩的工作也让自己抬不起头。在自尊心的强烈作用下李某的自卑感被唤醒。

家庭是一个情境，家庭成员会因情境改变而自身产生变化。家庭的不幸对孩子而言更是无形的伤害，加上李某年纪尚小，抗挫折能力较弱。在面对父母离异这个人生挫折时，李某容易钻牛角尖走入心理困境，她往往只纠结于遭遇所带来的负面影响并将此无限放大，因此加重了内心的压力。

缺乏情感支持，李某母亲面临角色大转变显得正面且积极，然而，现实需要她奔波生计因而缺乏与李某必要的沟通与互动。加上李某性格内向习惯郁结内心情绪，又缺乏正常、健康的发泄渠道，各种情绪长期压抑超出了李某的承受界限，最终冲进意识层面，从而导致李某出现暴力、失眠等症状。

三、问题分析

（一）案主认知偏差和情绪压抑

社区工作者发现案主对离婚特别在意，觉得很丢脸，习惯性地自我标签化，并认为单亲家庭小孩会遭受议论、排挤、歧视内心产生不安和恐惧。由此案主内心产生强烈的恐惧感，害怕别人的眼光，害怕异样的对待。在这个情境下，由于案主长期处于被受歧视和被边缘化的幻想之中，原本存在的能力和力量被明显压制，以致案主会越来越感到无能、无力，始终处于一种自我贬损的状态之中。同时，案主因父母离异产生伤心、无助等负面情绪，却并不懂得如何正确管理和释放自己的负面情绪，长期压抑最终导致头痛、失眠等躯体症状。因此，针对案主进行心理治疗的同时，也要注重结合外部环境资源共同解决问题。

（二）家庭内部支持系统和社会环境因素

案主问题的产生与其家庭环境的影响紧密相关。由于家庭结构骤变，案主家庭由原本简单的核心家庭转变为单亲家庭，家庭物质环境和精神环境均产生变化，甚至出现强烈的前后落差，使得案主适应不良；家庭成员间又缺乏必要互动，母亲为了生计对案主有所忽视，母女缺少有效的沟通与互动，使李某无法感受到家庭足够的关心与照顾，家庭情感支持系统功能缺失，案主在家庭中得不到应有的归属感和安全感。

同时，外部环境的过于正常被李某敏感的误解为冷漠和歧视，同学、老师、朋友并未因案主父母离异而加倍关心案主使得其在遭遇困境时选择了逃避，选择不与人诉说。因此，其问题的产生并不能简单归结为个人原因，在解决问题时，应当注意客观因素的作用，尤其是社区、家庭和学校。

（三）案主能力与需要

李某虽对家庭有强烈的自卑情绪，但她其实很害怕环境对自己的疏离，渴望家人的关爱，渴望老师和同学的关怀。暴力、自杀都是她逃避困难、吸引注意的方式。因此，只要给予适当的引导和情感支持，案主便能对离婚形成正面的认识，使其自卑情绪得到一定的疏解。同时，李某对母亲积极主动寻求帮助的行为十分配合，表明其有强烈改变现状的愿望。借助其强烈的愿望，引导其学会面对自己困境，学会接受自己的家庭，从而改善目前的身心状态。

李某处于青少年时期，接受、学习新事物能力强，较易运用认知疗法帮助其改变非理性认知，从而消除自卑情绪，杜绝暴力行为。根据李某的情况，其存在如下需要：心理辅导的需要，家人关爱的需要，朋辈支持的需要，改善失眠躯体症状的需要，改善与周围环境疏离现状的需要，正确管理和发泄自己情绪的需要。

四、理论与方法

在这个个案的介入中，社会工作者主要有“两个理念”：一是助人自助，二是优势视角。在介入过程中，社会工作者遵循助人自助的理念，帮助案主挖掘潜能，使案主最终依靠自己的努力走出困境。在介入时，注重引导案主意识到自己完全有能力依靠自己个人的努力走出目前的困境，鼓励其通过社区的政策、资源帮助，形成良好的外部环境支持系统，同时与其一起探讨有效解决心理问题的方法及技巧，提升其走出困境的信心。

优势视角认为每个人都有优点，都有他们内在和外在的资源，通过借助资源可以超越困难并致力于转变和成长；不幸事件具有伤害性，但同时也能转变为挑战和机遇；每一种环境都充满资源。他强调人的能力、价值、兴趣、资源、成就和抱负在满足自己需要和解决问题中的作用。虽然父母离异给案主造成了很大的影响，甚至出现了严重的心理负担，但这也是一次促进案主及家庭成长的契机。

五、协议个案目标与服务计划

（一）工作目标

纠正案主认知偏差，让案主放弃采用极端方式，帮助其摆脱失眠、抑郁及遭受父母婚姻变化带来的各种心理阴影等困扰，恢复心理健康，开始新的生活。

让家庭整体摆脱困境，促进家庭有效沟通，形成良好外部环境及家庭内部情感支持系统。

（二）服务计划

1. 与李某建立良好的专业关系，对其进行心理辅导，引导案主意识到消极、暴力行为背后可能造成的各种后果。

2. 缓解失眠、焦虑、抑郁及遭受父母婚姻变化带来的各种心理阴影等困扰，改善其躯体不适症状，提升管理不良情绪的能力。

3. 鼓励对其进行心理咨询与辅导，帮助其缓解负面情绪，纠正认识偏差，重塑认知，树立生活的信心。

4. 利用社区现有政策及有效资源，定期为其家庭提供招聘信息，帮助其母找到一份固定工作，缓解单亲家庭经济困境。

5. 利用社区亲子沟通、青少年课堂等丰富多彩的文化活动，引导其充分参与，形成良好的家庭互动模式。

六、介入过程

第一阶段：陷入创伤与接受的混乱之中。

第一次访问案主，社会工作者作了自我介绍后与李某拉起了家常。社会工作者发现李某比较沉默寡言，但当谈及漫画时李某还是会有基本的回应，并不像平时那么自闭。当社会工作者问及李某对父母离婚的看法时，她没有作出回应。随后，社会工作者追问是否怕别人对自己看不起时李某微微点点头。社会工作者运用同理、共情方法消除了李某这方面的顾虑。之后，社会工作者利用澄清、叙述等方法引导李某讲述家庭变化前后的生活对比。然而，李某并未敞开心扉。因此，社会工作者了解到父母离婚确实给李某造成了不小的创伤，李某尤其注重外界对自己的看法。但与此同时，社会工作者也看到了这将会是解决问题的突破口，也感受到了李某接受父母离异这一事实的希望。

这一阶段，社会工作者一直使用同感、自我暴露以及同情技巧来觉察李某的感受，聚焦其问题，与其建立良好的专业关系，让李某感受到被社会工作者充分接纳，同时引导李某思考暴力行为背后可能造成的种种后果。

第二阶段：回溯家庭心路历程，疏解自卑情绪。

社会工作者围绕案主“心中的家庭　快乐和痛苦”这个主题让李某回忆并感受家庭带给自己的一切，着重于曾经的快乐和当前的痛苦。这一阶段，社会工作者主要通过倾听、启发式提问等方式和技巧，倾听其压抑已久的心声，同时帮助其分析，使李某的自卑等非理性情绪逐渐得到疏解，并意识自己应该正视父母离异。同时，社会工作者还给李某布置了家庭作业并挑选了几本励志的漫画作为奖励，让李某通过减少暴力行为及画出糟糕心情的图片促进案主内心的成长及学会管理和发泄情绪的方法。

这个过程中社会工作者注意把母亲受到的伤害和对现实的坚强展现在李某面前，让李某意识到其实离婚并没有那么可怕，每个人在困难面前可能选择逃避，可能选择坚强，母亲就是最好的坚强榜样，让李某学会感受母亲，感受坚强，认识到自己不该把负面情绪无限扩大，更不应该采取伤害自己和他人的方式发泄情绪。

第三阶段：重塑认知，接纳现实。

社会工作者通过运用认知疗法引导李某发现自我优势及认知上的偏差，重新评价自己家庭，尝试与同学、亲人接触。这一阶段，社会工作者主要利用外部环境的力量改善李某的非理性认知。社会工作者在李某参与人际交往时扮演旁观者和引导者的角色，关注李某和他人的互动，并在每次互动结束时帮助李某感受人际交往的乐趣。同时，积极引导李某参加家庭聚会及学校集体活动，体会周边环境并不存在自己幻想中的歧视。社会工作者还邀请了李某参与社区计生专题活动，包括单亲妈妈小组及亲子类家庭活动，通过单亲小孩成长记、模范单亲家庭示范、携手消除人生障碍等一系列有针对性的活动，李某逐渐发现现在社会离婚率很高，并且社会对离婚的接纳度也很高，并没有自己所担忧的歧视存在，甚至发现有些单亲家庭的小孩在经历家庭变故后自己变得更加出色，更富有责任心，更受社会尊重。同时，在社会工作者的引导下李某和母亲利用“角色扮演”、“换位思考”、“家庭情景剧模拟”等技巧，探索和感受彼此的内心，在学习中共同成长，学会沟通，初步形成了家庭情感支持系统。

第四阶段：荆棘生活，铿锵面对。

这一阶段，社区工作者运用了宏观社会工作的方法，借助政府相关政策，将案主家庭纳入社区贫困家庭名单给予适当的经济补助，并有社区好心人士主动对李某家庭送去物资和精神上的关爱。社会工作者利用社区资源邀请李某母亲参与社区职业培训，为其提供用工信息，最终其母在附近超市找到了工作，从而使案主家庭收入有了依靠，实现了真正的“自助”，更让案主感受到了社会的关怀与温暖。

在对案主进行干预后，李某的生活开始变得积极起来，懂得将苦难化为努力学习的动力。这一阶段频频得到李某的喜讯：不再为自己家庭而感到自卑，与同学恢复了以往的关系，帮助母亲做家务，成绩有所提升，经常参与社区活动，等等。看到她的改变，我们由衷为她高兴。

七、结案与反思

（一）服务成效

案主因问题得到改善而结案。在介入中，家庭整体经济困境虽然并未完全消除，但家庭环境有所改善；成员间沟通正常，良性互动模式初步形成，家庭情感支持系统功能也逐渐发挥；李某也取得了一定的进步。具体表现在：一是李某终止了暴力、自杀宣泄情绪的极端方式，学会了自我情绪管理；二是失眠等躯体症状有所改善；三是李某的社交功能逐渐恢复，正常参加学校及社区组织的集体活动。通过心理辅导，李某消除了非理性认知并已能接纳现状，与母亲建立了良好的沟通模式，且能定期参加学校及社区活动。

（二）社会工作者的反思

在对困难群体开展服务时，社会工作者要做好资源提供者和联系者，善用政策和社区资源给予支撑，但同时要注重在助人的过程中不要让案主产生依赖情绪，而是强调挖掘案主的潜能，外部资源只是案主的其中一个潜能，要真正做到助人自助。社会工作者在进行心理辅导时，需要大量的心理学专业知识，在设计服务过程时要注重结合实际，在与案主协商中共同解决问题。并且在处理情绪有问题的个案时社会工作者应运用敏锐地响应，积极地聆听，稍加鼓励、同理心、接纳、反应感受协助稳定其情绪。最重要的是给予个案关怀和支持，不用担心被歧视，这才能打开其心理防御，走进案主内心，但同时社会工作者要处理好自己的情绪，不能被案主遭遇和情绪影响，更不能将其带入服务过程中，要理性地运用专业技巧，不失人情味地服务案主。

在介入过程中，积极的倾听会给来访者带来极大的安慰，有助于找到新的合理的解决问题方式，社会工作者要拿捏好表述与倾听的比例，着重让案主抒发内心情感，切勿过度干预案主。本案例中社会工作者不能忽视的是案主李某有自杀及暴力对待亲人的举动，社会工作者需及时做好危机干预准备，一旦有危机事件苗头产生需及时采取相关应对措施，以防发生危机事件。

解开心结　织起婚姻护网

嘉兴桐乡市徐阿姨工作室　高炳坤（社会工作师）

一、案例概况

小宋，34岁，江西人，大学毕业后在桐乡市某中学从事教学，生活作息时间较为规律。与妻子小王经朋友介绍相识，婚后两年未育，后经试管受孕，生育一个儿子，现今4岁。小王在桐乡市某电信局跑业务，工作时间不稳定，顾家时间较少。服务对象双方主要矛盾在于小宋认为妻子小王不顾家，晚上有时还要出门；而小王感到委屈，认为这是工作需要，并非自己所愿。于是，两人争吵不断，很难沟通，再加上两人感情基础不深，彼此缺少包容，夫妻关系不和，男方现心理烦躁、严重失眠，心理压力大，并产生离婚的想法。本案例是服务对象前来民政局咨询离婚事项，由工作员转到工作室开展婚姻与家庭问题辅导及调解服务。

二、案例分析

（一）问题分析

诊断问题：认知偏差。偏差性质：负面性认知倾向。

主要表现：服务对象习惯选择负面性信息，如任意推断（“妻子小王不顾家”）、选择性概括（“回家见不到妻子很郁闷”）、过度延伸（“越想越睡不着”）、夸大（“担心自己心理崩溃”）、走极端的思维（“想离婚”）等。通过抑郁量表自评，服务对象得分为0.65，属于中度抑郁。

（二）支持系统

支持系统：现有支持系统不足，专业支持系统具备。

现有支持系统主要来自个人社会网络，主要指服务对象的家人，即妻子儿子；专业支持系统来自专业社会机构和人员，即徐阿姨工作室。

（三）介入理论

介入理论：认知疗法理论。从社会心理学的角度来说，认知指个体对他人、自我、社会关系、社会规则等社会性课题和社会现象及其关系的感知、理解的心理活动。认知疗法的核心的理论假设是认知过程影响情感和行为。

该理论在该案例具体介入中的运用包括：首先，如果服务对象转换认知视角，客观看待妻子的工作性质要求与抑郁倾向，就可形成对原有事物的正向认知；其次，通过转换服务对象对生活事件的评价，指导服务对象重新进行信息加工，可以形成对原有事件的新的看法，有利于问题的解决；最后，适当引导服务对象巩固和强化新的认知模式，参与社会，建立支持系统，可以重塑服务对象态度和行为，解决他的心理问题。

三、服务计划

（一）服务目标

1. 寻找婚姻适应、夫妻沟通、焦虑抑郁方面的不良认知。改变不良认知。

2. 形成新的认知模式，情绪和行为好转。

3. 社会适应力增强。

（二）策略

认知疗法的策略，在于重新构建认知结构。

过程如下：社会工作者以专业者的身份进行介入，强化正向认知；

通过建立专业的支持系统形成积极榜样示范；引导服务对象面对生活事件和压力，实践新的认知模式，达到人与环境的和谐。

（三）步骤

1. 建立求助的动机。服务对象和社会工作者对其问题达成认知和解释上意见的统一，对不良表现给予解释并且估计介入所能达到的预期结果。

2. 适应不良性认知的矫正。使服务对象发展出新的认知和行为来代替适应不良的认知和行为。

3. 在处理日常问题的过程中培养观念的竞争，用新的认知对抗原有的认知。

4. 作为新认知和训练的结果，要求服务对象重新评价自我效能和自我在处理认知和情境中的作用。

四、计划实施过程

（一）初步诊断，识别和检验服务对象的负性自动想法与原因

1. 初期会谈。初期会谈主要是了解情况和进行初步咨询。在建立关系中，社会工作者扮演诊断者和教育者的双重角色。社会工作者鼓励服务对象增加活动，减少疲劳感；改善思考能力，打破恶性循环；帮助服务对象了解行为、情绪和认知的关系，发现和焦虑抑郁有关的负性自动想法。

2. 识别负性自动想法。社会工作者和服务对象讨论，一起练习识别负性自动想法，然后通过家庭作业发展服务对象的识别能力。通过提问，社会工作者发现服务对象对夫妻关系、自身压力应对能力、生活期望等都比较悲观。布置家庭作业：服务对象记录每天心境的变化及思想，并与社会工作者一起分析其中的正面认知和负面认知，让服务对象意识到自身存在较多的负面认知。

3. 检验负性自动想法。采用“协同检验”的方法，即社会工作者和服务对象协作把服务对象的负面自动想法当作一种假说加以检验。

（1）运用提问和自我审查的技术，引导服务对象对自己“妻子的角色应该是尽量留在家里”这个看法以及对抑郁症的症状进行细致的体验和反省，帮助他明白自己以偏概全的错误观念，确定自己产生不良情绪及行为的关键所在。

（2）进行行为实验：社会工作者和服务对象通过协作的方式完成一项行为作业，以检验服务对象负性想法的真实性。布置回家作业：一是了解业务员的工作状态以及他们的家属是否和他一样悲观痛苦；二是给予资料正确科学地认识抑郁症。通过提问和布置作业，社会工作者一直不对负面想法提供支持，甚至提供相反观点，以抵消服务对象负面想法，促进负面想法发生改变。

（二）专业介入，强化服务对象的正向认知并通过多种形式加以巩固

1. 积极倾听，正向信息传递。社会工作者与服务对象讨论抑郁倾向，并采用真诚、开朗的态度看待这一倾向，并在引导中社会工作者提出正向观点：“不能仅仅凭早醒这一点就下定论，觉得后果非常可怕，这是一种以偏概全的错误认知方式。”

2. 经验分享，拓宽认知视野。社会工作者与服务对象分享自己家庭成员职业与成员角色的承担，向服务对象展示职业类型的多样化以及不同的工作时间要求和工作强度，尤其是在承担不同职业的家庭成员间的家庭角色的扮演情况。通过与服务对象分享自身经历，引导服务对象扩大认知范围，让他意识到“妻子晚上出门肯定没好事”的认知过于狭隘。

3. 观察学习，充实正向认知。针对服务对象对自己缺乏信心和对早醒问题的过分担忧，利用社区文体支持系统，给予行为指导：激发原有的对乒乓球及围棋的爱好，主动自荐到学校乒乓球队和围棋队，并请球技较差的人与他对战，让他享受活动放松心情的同时，感受成功的喜悦。服务对象再次来到工作室时，开始会主动谈起他战胜对手时的畅快感觉。

4. 挖掘优势，发挥家庭支持。社会工作者创造条件，让服务对象

与妻子一起来到工作室，让妻子在服务对象面前谈一下她加班的想法以及对丈夫的看法。通过妻子对服务对象的“肯定”，进一步引导服务对象认识“肯定、承认、友好等正面信息”对解决夫妻关系有效。

5. 主动实践，整合认知行为。做好服务过程的回顾和总结，巩固服务成果，布置家庭作业：早醒时听音乐，到植物园散步；持续参加学校的乒乓球队及围棋队活动；每天晚上陪伴儿子，体验丈夫和父亲的角色；不间断地看电视节目《钱塘老娘舅》，了解各种婚姻问题产生的原因以及如何面对婚姻问题；每天跟妻子谈谈今天一天的生活情况；每个星期一起出去吃顿饭，谈谈心；每天写一篇心理日记，写出自己的情绪情感体验等。从而使服务对象将咨询中学到的自我改变方法运用到生活中，在行动中巩固“正面看待生活、正面理解问题”。

五、案例成效与评估

评估类型：内部评估、实务评估和成果评估相结合。评估内容：服务对象发生了哪些改变以及哪些证据表明服务对象发生了这样的改变；服务是否达到了预期目标。评估方法：自我陈述法（服务对象自我表达）和日常观察法（社会工作者的观察）。各项评估结果如下。

服务对象自我评估：现在跟妻子好多了，能够理解妻子，妻子也是晚上尽量在家陪丈夫，心情也随之好起来了，不像原来那么烦躁，也不再为早醒而担忧了，顺其自然，醒了就听听音乐，睡眠时间延长，白天精神也好多了。

社会工作者评估：服务的近期目标基本实现，服务对象对婚姻问题进行了正确归因，对抑郁症也有了全面的了解，积极参与社区的文体活动，缓解了自卑、焦虑、抑郁情绪，自信心大大增强，夫妻关系有较大改善。

抑郁自评：0.59，属于轻度抑郁。

六、专业反思

本案案主主要采用间接治疗的方法，通过建立支持系统改变服务对象认知并巩固新认知。主要着重于服务对象个人网络（妻子）和自助群体（兴趣队）的建设，而对于夫妻相互体谅、相互支持以及妻子认知与行为改变方面的工作有待加强。所以本案例应为连续介入案例，目前完成其中的一个阶段工作。

七、项目督导评价

浙江树人大学陈微教授认为：本案例准确定位服务对象问题，采取认知疗法进行介入，注重间接治疗方法的使用和社会支持系统的建立。无论是理论还是方法选择都具有一定的专业性。介入过程中社会工作者运用自身经历和鼓励行为的技巧向服务对象传递正向信息，帮助服务对象形成并巩固正向信息，是一个比较成功的案例。

浙江省民政厅关于全省社区社会工作优秀案例评选结果的通知

各市、县（市、区）民政局：

近年来，我省社区社会工作蓬勃发展。通过社会工作师和助理社会工作师职业水平测试的社区工作者，积极运用专业社会工作理论介入养老、助残、社会救助、婚姻家庭等领域，帮助困难人群和困境人士修复社会功能、回归社会，形成了一大批社会工作案例，提升了社区场域社会工作服务专业化、职业化水平。2013 年，我厅开展了社区社会工作优秀案例征集评选活动。经过专家评审，共评出一等奖 3 名，二等奖 8 名，三等奖 16 名，优秀奖若干。

社会工作的重心在基层，重点在社区。希望全省广大社区工作者向受表彰的优秀案例作者学习，树立社会工作理念，掌握社会工作知识，在实际工作中充分运用社会工作专业理论和技巧，有针对性地开展社区工作方法、小组工作方法或个案工作方法，积累社会工作解决社区管理服务难题的实务经验，为加强基层社会治理提供新渠道、新方法。

附件：全省社区社会工作优秀案例

浙江省民政厅

2014 年 1 月 27 日

附件：

全省社区社会工作优秀案例

一等奖

1. 青春期撞上更年期——单亲妈妈求助个案

徐雪美（社会工作师）、董金娣　嘉兴市阳光家庭社工事务所

2. 放飞青春梦想　开启阳光人生——“青春放飞”流动人口未婚青年成长小组

李红（社会工作师）　德清县晨曦社会工作服务社

3. 青少年小组工作个案——学会交友、增加关爱、体验互助、提高信任

丁颖（社会工作师）　杭州市下城区潮鸣街道所巷社区

二等奖

1. 开展弄堂文化建设，让邻里更和谐

姚琴（助理社会工作师）　嘉善县西塘镇西街社区

2. “野百合”也有春天——给小候鸟一个幸福的家

何雪婷（社会工作师）　杭州市上城区清波街道清波门社区

3. 需求导向的社会工作引领邪教家庭走上幸福路

毛晓英（社会工作师）　江山市虎山街道安泰社区

4. 由危机介入到综合理论取向运用的个案服务

张丽（助理社会工作师）　杭州市上城区小营街道马市街社区

5. 花季护航——新二代居民自我保护能力建设小组

曾鹏（社会工作师）、王锦杭、李梦玫　嘉兴市南湖区青鸟社会工作服务中心

6. 夕阳无限好　学习真快乐——社区老年教育小组工作案例

沈逸君（社会工作师）　嘉兴市南湖区嘉北街道阳光社区

7. 让“失独”不失爱——社区失独家庭社会工作介入

葛云燕（社会工作师）　杭州市上城区紫阳街道彩霞岭社区

8. 运用家庭治疗模式助再婚家庭重塑亲情

周晓红（社会工作师）　宁波市海曙区鼓楼街道苍水社区

三等奖

1. 一例中年女性焦虑情绪的咨询案例报告

徐芝华（社会工作师）　杭州市拱墅区半山街道杭钢南苑社区

2. 吾家有女初长成

高佳瑾（社会工作师）　杭州市下城区天水街道灯芯巷社区

3. 调动失业人员潜能　提高社会适应能力

明婧芝（助理社会工作师）　杭州市上城区小营街道马市街社区

4. 再婚老人的“乐居焦虑”

韩丽娜（社会工作师）　杭州市上城区清波街道清波门社区

5. 改变内在动力　重塑生命模式——女性婚姻家庭问题案例报告

赵晓佳（社会工作师）　杭州市西湖区古荡街道华星社区

6. 昔日垃圾王　今日环保人

金好（助理社会工作师）　杭州市西湖区三墩镇水秀苑社区

7. 开启心灵之锁　重树生活信念

杨松君（社会工作师）　宁波市镇海区招宝山街道顺隆社区

8. 脱离毒海　破茧重生

张旭锋（社会工作师）　乐清市虹桥镇瑶岙社区

9. 多方整合资源　携手共渡难关——对老年患者的危机调适

施云云（社会工作师）　乐清市社会工作者协会

10. 回归幸福——一个外来媳妇的家庭社会工作个案

吴珍珍（社会工作师）　苍南县益家社会工作事务所

11. 爱·互小组——老年人与青少年支持小组

叶娟美、吴旭莉、杨湘韵（均为浙江工商大学社会工作系学生）

12. 家的肩膀——家庭照顾者互助支持小组

陈露、孙蕾（均为浙江工商大学社会工作系学生）、顾其花（助理社会工作师）、盛云花（助理社会工作师）　嘉兴市南湖区新兴街道文昌社区

13. 多方联动推进小区物业管理

姜慧敏（社会工作师） 江山市双塔街道周家青社区

14. 发展社会组织 促进居民自治——金色水岸社区“善诗美地”爱心物品驿站

徐艳（助理社会工作师）、郑国画（社会工作师） 宁波市鄞州区首南街道金色水岸社区

15. 助自闭少女回归正常生活

施燕艳（助理社会工作师） 余姚市阳明街道富巷社区

16. 解开心结 织起婚姻护网

高炳坤（社会工作师） 桐乡市徐阿姨工作室

优秀奖

1. 徐老太的幸福晚年

童春燕（社会工作师） 杭州市萧山区北干街道北干一苑社区

2. 解开心结，做回自己——单亲家庭的亲情回归

张茹茵（社会工作师） 杭州市上城区望江街道大通桥社区

3. W 的帮扶救助工作报告

秦鹤江（助理社会工作师） 杭州市拱墅区拱宸桥街道衢州路社区

4. 困境妇女与家庭

杨玉红（助理社会工作师） 杭州市萧山区北干街道北干一苑社区

5. 心理疏导个案带来的启示

黄伟君（社会工作师） 宁波市北仑区新碶街道芝兰社区

6. 重绘高龄独居老人的“心灵绿洲”

赵美娜（助理社会工作师） 海宁市长安镇修川社区

7. 抚平一颗失望的心

陈敏（助理社会工作师） 湖州市吴兴区朝阳街道碧浪湖社区

8. 打开心门，走出房门——失独家庭服务

葛聪聪、姚潇潇（均为浙江工商大学社会工作系学生）、吴群云（助理社会工作师） 嘉兴市南湖区解放街道菜花泾社区

9. 灿烂晴空——家庭个案辅导

计雪梅（助理社会工作师） 海宁市海洲街道梅园社区

10. 建立自信　感受温暖

胡云英（社会工作师）　金华市婺城区城东街道八咏楼社区

11. 远离孤独健康生活小组

李剑辉（社会工作师）　宁波市江东区东柳街道锦苑社区

12. 牵手自闭症儿童家庭走出孤独

翁冠敏（助理社会工作师）　温州市鹿城区松台街道水心社区

13. 拓展社区服务　关爱留守儿童

潘李云（助理社会工作师）　文成县巨屿镇花前社区

14. 用爱给“小候鸟”一双追梦的翅膀

朱蔚华（社会工作师）　绍兴市越城区府山街道水沟营社区

15. 伴你同行——青少年个案工作实例

冯维（社会工作师）、陈玲娟、姚国潮　绍兴市上虞区民政局

16. 七彩童年　社区绘就

丁芝英（社会工作师）、董海宁（社会工作师）、毛凌　义乌市江东街道江南社区

17. 帮助失独母亲走出生活阴影

张芬（社会工作师）　舟山市定海区民政局

18. 社会工作介入失常家庭助其归位

王熙子（社会工作师）　台州市黄岩区西城街道江滨社区

19. 重塑信心　告别吸毒

吴军霞（社会工作师）　丽水市莲都区民政局社区办

20. 化解危机　创业帮扶

俞秋红（社会工作师）　安吉县昌硕街道办事处

21. 助失业伤残军人再创业

施春慧（社会工作师）、朱秀芬（社会工作师）、沈敏（助理社工师）　湖州市吴兴区龙泉街道市陌二社区

22. 齐心治理臭水沟　合力共创幸福园

孙群（社会工作师）　长兴县雉城街道所前社区

23. 真心帮扶，让受困妇女撑起半边天

徐元星（社会工作师）　湖州市吴兴区龙泉街道紫云社区

编后记

近年来，浙江大力鼓励社区工作者参加社会工作师资格考试。截至2013年底，已有6628名社区工作者取得社会工作师、助理社会工作师资格，占全省10119名社会工作师、助理社会工作师的66%。他们学有所用、用有所成，努力将社会工作理论运用于社区自治与服务实践，以专业理论与方法，化解管理服务难题，促进居民自治成长，形成一篇篇案例，成为浙江社区社会工作的中坚力量。

前不久，浙江省民政厅开展了2012~2013年度社区社会工作案例征集、评奖和交流，邀请社会工作领域的专家学者评奖和点评。此次参与交流的案例，较之于2011年12月浙江首次社区社会工作论坛，专业色彩更强，社会工作理论和方法的运用相对自觉和准确；涉猎范围更广，触及流动人员子女教育、邪教成员帮教转化、失独家庭抚慰、再婚家庭重构、无性婚姻改善、自闭少女回归等领域。这些成果，证明专业社会工作在社区领域具有广阔的前景。案例选编，浙江省民政厅副厅长梁星心主其事，厅基层政权和社区建设处各位同志参与删削取舍。

此书呈献给广大有志于社区社会工作的同人参考借鉴，如能收社区社会工作启发推广之功，则荣幸之至。当然，浙江的社区社会工作仍然处于成长之中，有的案例显得稚嫩，有的案例题材雷同，个案工作模式用得多，社区工作模式和小组工作模式用得少。这些不足，同样也展示了社区社会工作的发展轨迹。